AF478730

Mark Dion

Den

Mark Dion

Den

press

Mark Dion
Den

© Forlaget Press 2012

Utgitt i samarbeid med Statens vegvesen,
Nasjonale turistveger
Published in cooperation The Norwegian Public
Roads Administration

Kurator/Curator: Svein Rønning
Redaktør/Editor: Line Ulekleiv
Foto/Photo: Guri Dahl der ikke annet er angitt /
Guri Dahl unless otherwise indicated

Oversettelse/Translation from Norwegian
by Bruce Bawer
Oversettelse/Translation from English
by Cora Julie Dahl Dannatt

Design/Graphic design: Ulf Carlsson &
Henrik Haugan/Form etc.
Sats/The book is set in Adobe Caslon Pro
Paper: 130 g Scandia 2000
Prepress, printing and binding:
Elanders, Fälth & Hässler, Sweden

ISBN: 978-82-7547-537-2

Forlaget Press, Kongens gate 2, 0153 Oslo
www.forlagetpress.no

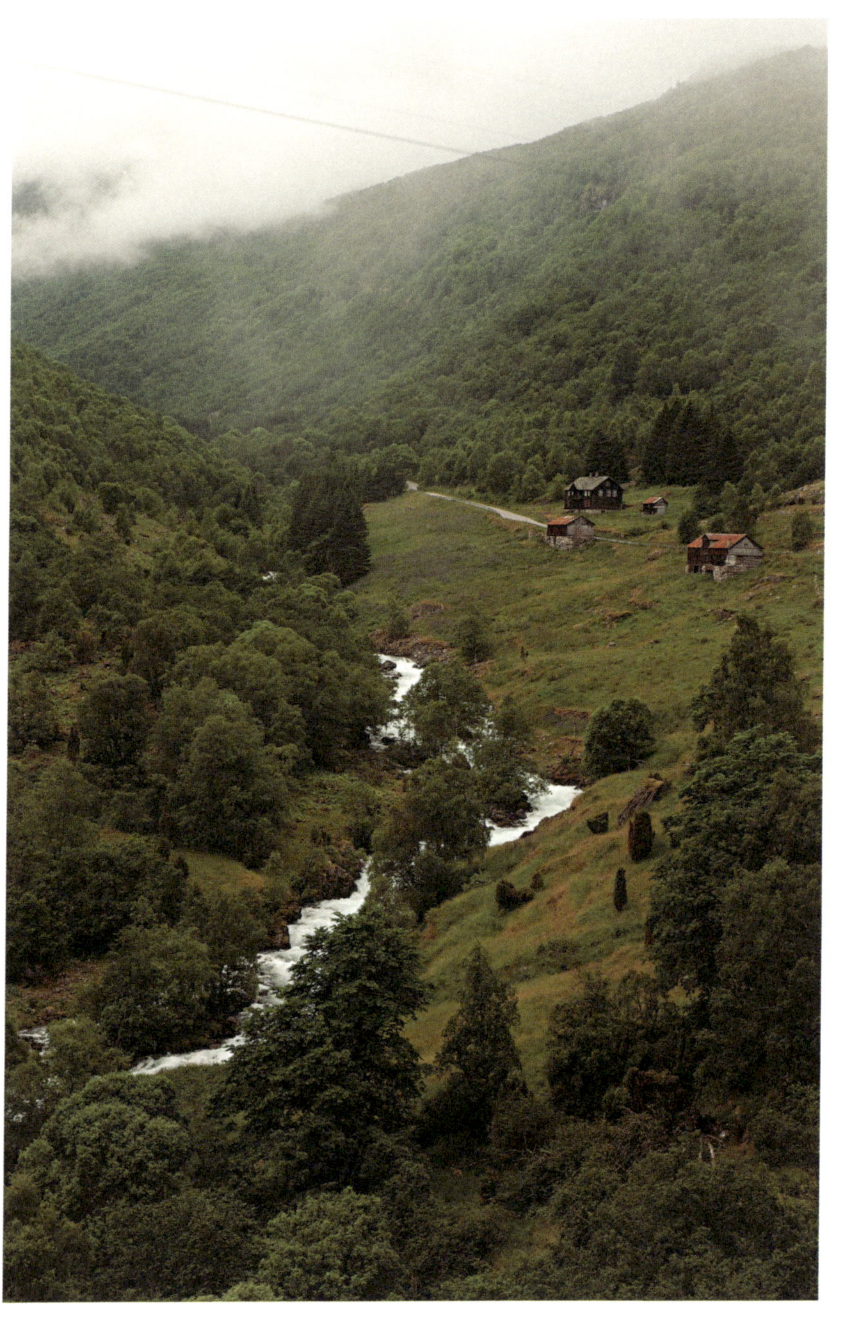

Forord

Atten eksklusive vegstrekningar frå Varanger i nord til Jæren i sør skal utviklast til Nasjonale turistveger. Kvar strekning skal stå fram med sin eigen tydelege identitet og formidla gode opplevingar av norsk natur på sitt ypparste. Fjell, vidder, fossar, fonn, fjordar og kyst skal opplevast frå bilvindauget og frå tilrettelagte stopp utvikla av Statens vegvesen på oppdrag frå Stortinget og Regjeringa.

Langs strekningane veks det fram stadig fleire arkitektteikna installasjonar i ulike storleikar og uttrykk. Frå enkle og robuste møblar, stiar og trapper til toalettbygg, utsiktsramper og nesten monumentale bygg. Det er desse nyskapande, funksjonelle og mange gonger spektakulære tiltaka i det mest storslåtte av norsk natur som skaper internasjonal merksemd og begeistring.

Nasjonal turistveg Aurlandsfjellet går frå fjord til fjord over høgfjellet der snøen ligg lenge og pregar naturen. Her er det laga fleire installasjonar, med den luftige og spektakulære utsiktsrampa på Stegastein som ein av dei mest profilerte turistvegtiltaka som hittil er utvikla. Tretti meter ut i lufta og med berre ein glasvegg mot Aurlandsfjorden 650 meter lenger ned, får den vegfarande svimlande utsikt og ei oppleving ein aldri gløymer.

Mark Dion sin installasjon på den andre sida av Aurlandsfjellet er den rake motsatsen til Stegastein. Her på Vedahaugane går vi frå utsikt over høgfjell og fjord til innsikt inne i hiet når vi studerer Dion sitt kunstverk *Den*. Men også her er det berre ein glasvegg som skil betraktaren frå det som skal betraktast.

Relasjonen mellom utsiktsrampa Stegastein og kunstverket *Den* er eit eksempel på at arkitektur kan karakteriserast som funksjon og kunst som refleksjon. Mens Stegastein med sin funksjonelle arkitektur legg til rette for landskapsopplevingar, vil *Den* og annan kunst langs Nasjonale turistveger skapa refleksjonar og fortelja andre historier enn dei umiddelbart synlege.

Vår ambisjon er å skapa overraskande og spennande opplevingar langs alle dei atten turistvegstrekningane. Mark Dion sin kunst langs Nasjonal turistveg Aurlandsfjellet bidrar i høgste grad til dette.

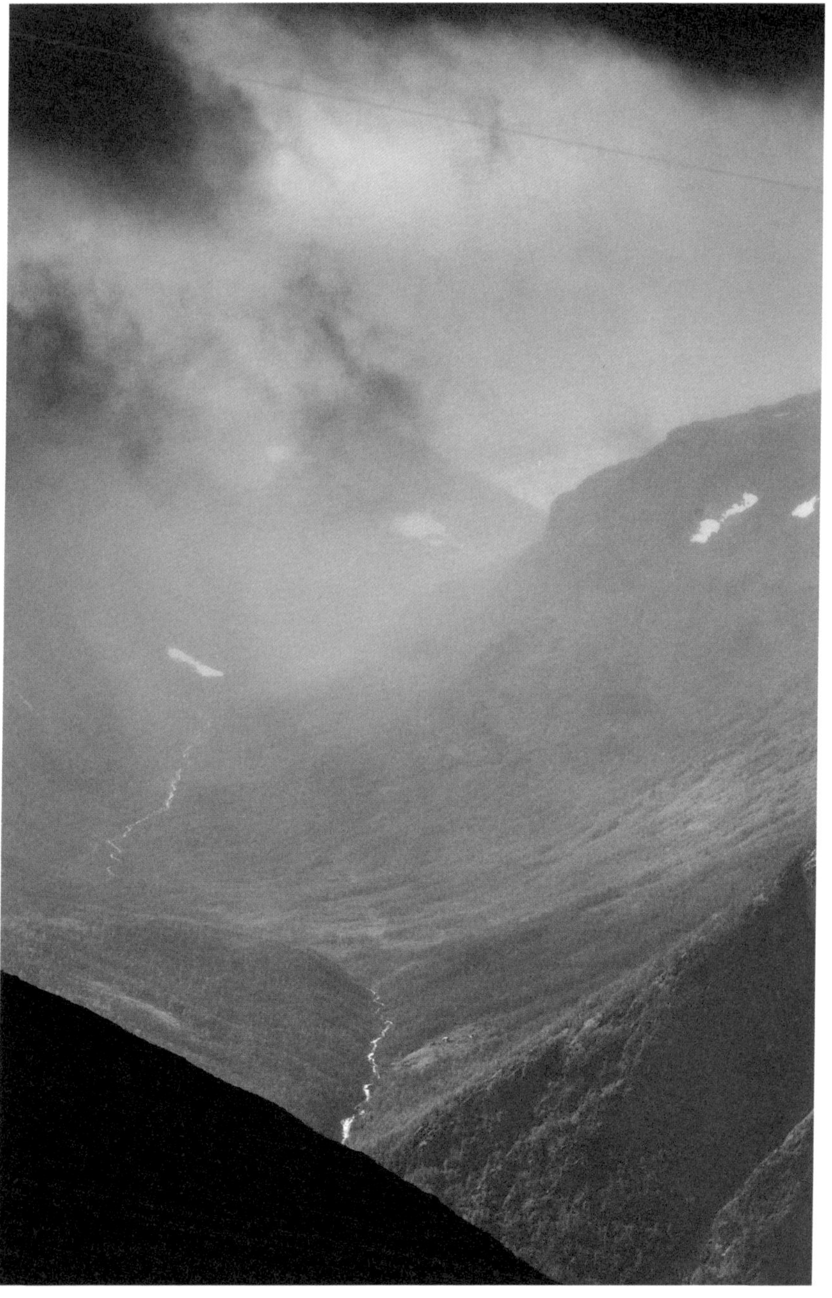

Foreword

Eighteen exclusive routes from Varanger in the north to Jæren in the south will be developed into National Tourist Routes. Each route will have its own distinctive identity and will enhance travelers' encounters with the Norwegian countryside at its most magnificent. Motorists will be able to experience mountains, plateaus, waterfalls, glaciers, fjords, and seacoasts from their car windows and from stopping places designed and constructed by the Norwegian Public Roads Administration and commissioned by the Norwegian Parliament and government.

Along the routes, a growing number of architectural installations in various sizes and styles are under construction: simple, durable pieces of furniture; paths and stairs leading from the road to public rest rooms; lookout ramps; and almost monumental buildings. These innovative, functional, and, in many cases, spectacular additions to Norway's most extraordinary natural settings are drawing widespread attention and inspiring international enthusiasm.

The Aurland National Tourist Route runs from fjord to fjord over the high mountains where snow remains on the ground late into the season and gives the area its distinctive character. Here several installations have been created, one of the most high-profile being the spacious, spectacular viewing platform at Stegastein. The glassed-in platform extends 30 meters out over Aurlandsfjord, 650 meters below, providing motorists with a breathtaking view and an experience they will never forget.

Mark Dion's installation on the other side of Aurlandsfjellet is the very opposite of Stegastein. Here on Vedahaugane we pass from views of mountains and fjords to insights in the den when we study Dion's artwork *Den*. But here, too, there is only a glass wall separating the observer from that which is to be observed.

The relationship between the viewing platform at Stegastein and the art work *Den* is an example of the fact that architecture can be characterized as function and art as reflection. While Stegastein, with its functional architecture, helps viewers to experience the landscape, *Den* and other works of art along the National Tourist Routes help shape reflections and tell stories other than those that are immediately noticeable.

Our ambition is to create surprising and exciting experiences along all eighteen of these tourist routes. Mark Dion's art along the National Tourist Route in Aurlandsfjellet contributes to this objective in the highest possible degree.

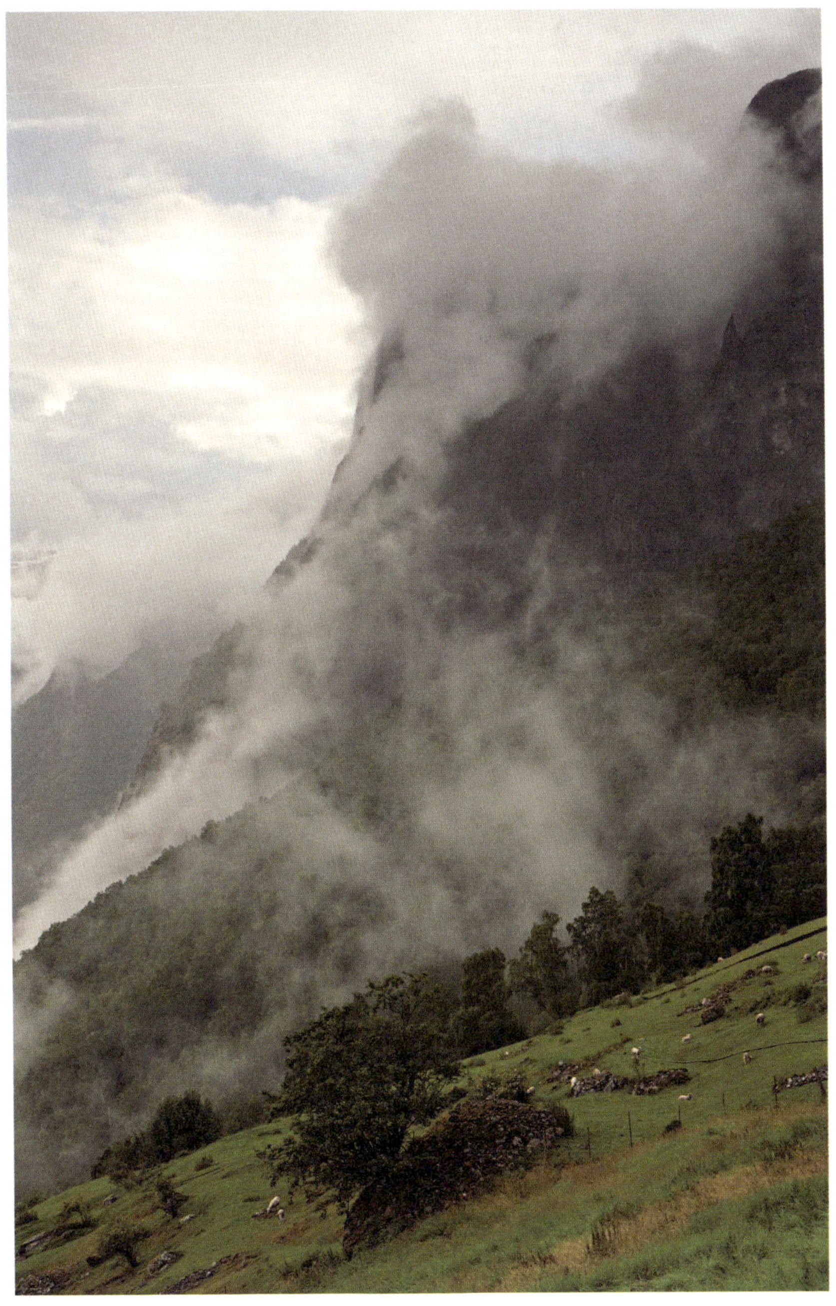

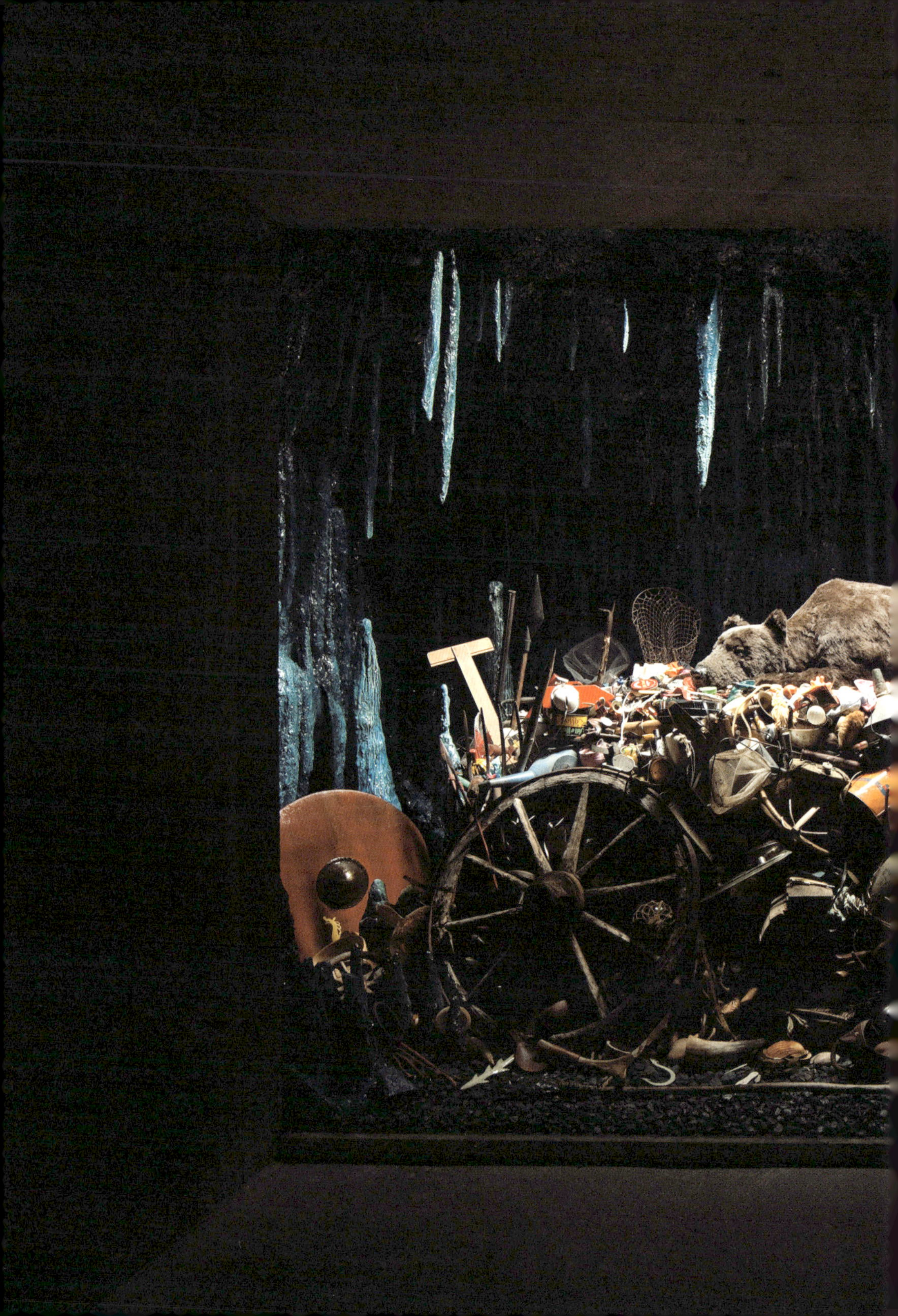

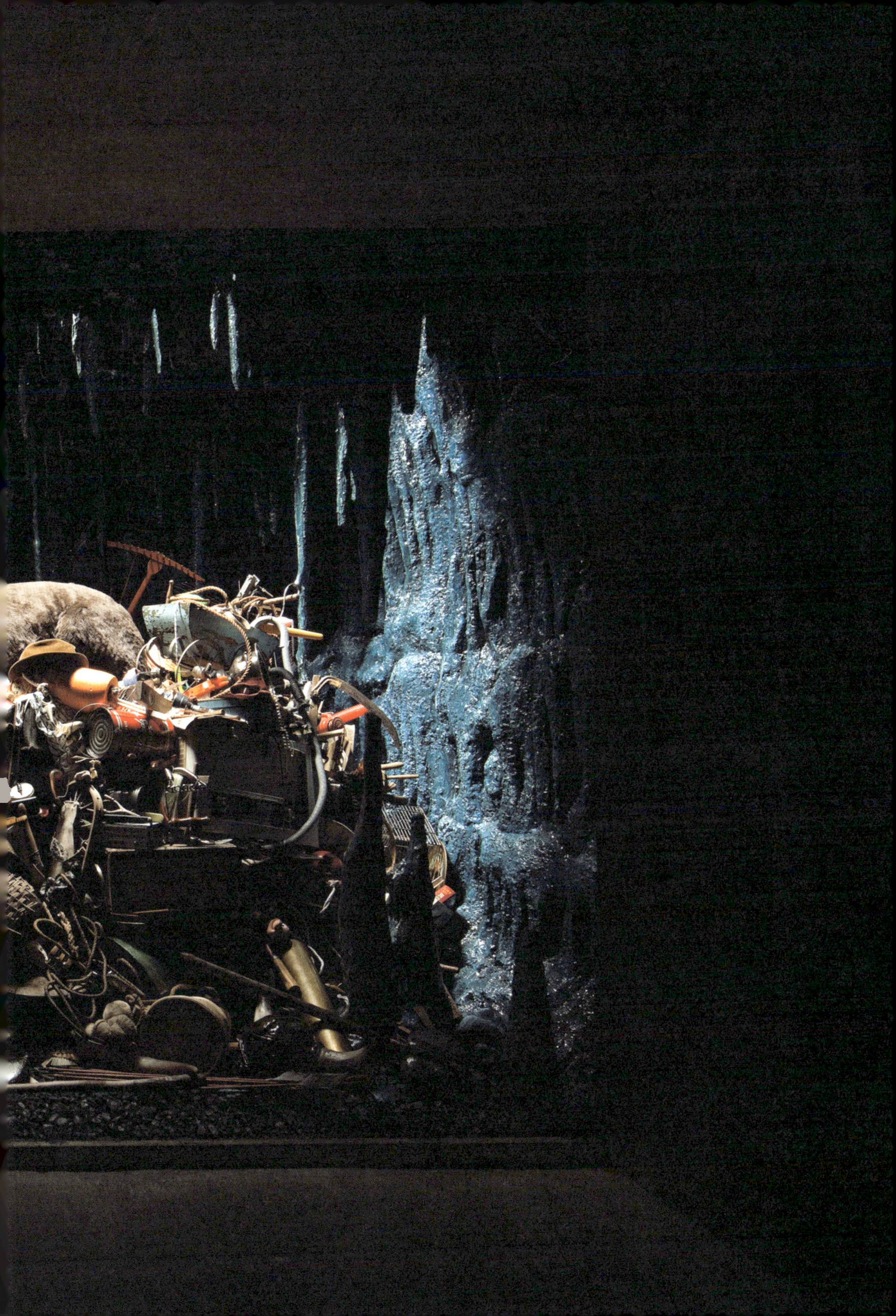

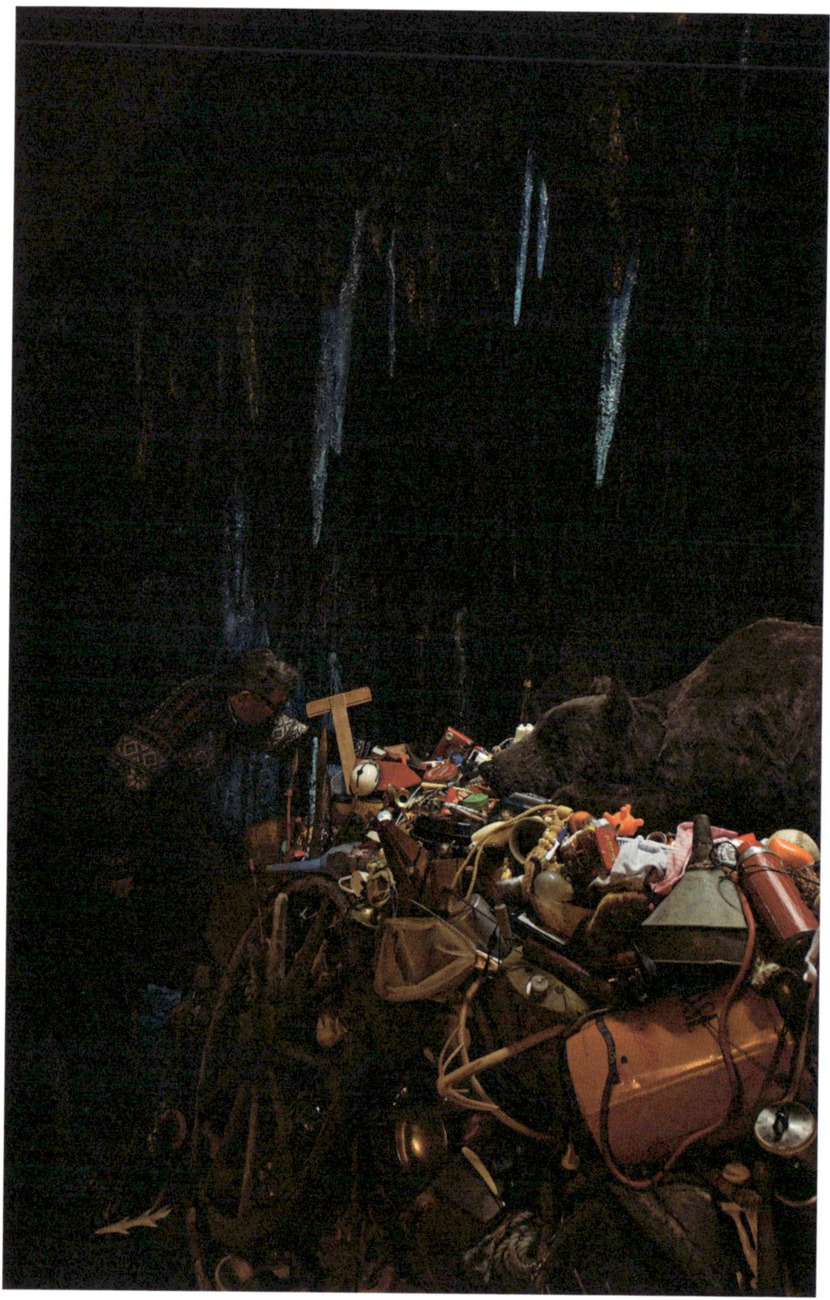

SVEIN RØNNING
Kurator og leder av Nasjonale turistvegers kunstprosjekt

Den

Aurlandsfjellet er omkranset av Sognefjorden, Aurlandsfjorden og Nærøyfjorden, Lærdal, Gudvangen og Aurland. Dette er tradisjonsrike områder i Norge, og historien ligger dermed rundt fjellet på alle kanter. I Lærdal finner vi Lærdalsøyri med sin opprinnelige, tette landsbystruktur og Laksesenteret med fortellingene om laksefiskets historie og installasjoner som beretter om de engelske lakselordenes tidligere besøk. Lenger oppe i dalen ligger Borgund stavkirke, og vi finner verdens lengste veitunnel med sine lysinstallasjoner. På den andre siden av fjellet ligger Aurlandsbygda med den vakre steinkirken fra 1200-tallet. Selve Aurlandsfjellet er et nakent fjellområde, og med rette kalles veistrekningen over fjellet for snøvegen. Snøen ligger lenge utover sommeren, og sesongen er kort. Selv midtsommers kan det ligge store snøfonner tett ved veien.

Med den sparsomme vegetasjonen er dette en særpreget fjellovergang. Før Lærdalstunnelen ble bygget, var denne veien, sammen med fergen mellom Gudvangen og Refsnes ved Lærdal, den eneste forbindelsen mellom Aurland og Lærdal. Med vinterstenging av veien over fjellet ble fergen i store deler av året den eneste muligheten. Naturen er dramatisk, naken og storslagen. Men man skal ikke langt ned fra fjellet før man støter på frodig vegetasjon. På sørsiden av fjellet finner vi Stegastein, et dristig utformet utsiktspunkt over Aurlandsfjorden, designet av de norske arkitektene Saunders & Wilhelmsen. Konstruksjonen, som stikker rett ut i løse luften, inviterer til en svimlende opplevelse der man får følelsen av å sveve over fjorden. Og på nordsiden finner vi nå det kontrapunktiske prosjektet til Mark Dion. Det vender seg motsatt vei: inn i fjellet, inn til underverdenen. Utgangspunktet for å invitere Dion til å gjøre et prosjekt for Aurlandsvegen var hans særpregede kunstneriske språk, der biologi, botanikk, arkeologi og naturhistorie inngår som elementer.

Mark Dions kunstverk på Aurlandsfjellet er en installasjon med en bjørn som ligger og sover på toppen av en haug med gjenstander funnet på loppemarkeder og i bruktbutikker i mange land. Tittelen *Den* (hiet) indikerer at bjørnen har gått i dvale. Når vi betrakter installasjonen, kan assosiasjonene gå i mange retninger. Mark Dion gir oss et fruktbart materiale vi kan lete i og undre oss over. Mark Dion er en forteller. Hans kunst handler om kulturen og dens møte med naturen. Antropologien, ornitologien, zoologien og botanikkens verden i møte med kunsten. Han er tydelig inspirert av naturhistoriske museer, og han tematiserer blant annet deres presentasjonsestetikk. Hans kunst kiler seg inn mellom de museale rommene som er etablert av naturvitenskapen, og kunstens rom; galleriene og kunstmuseenes verden. Han stiller like gjerne ut i naturhistoriske museer som i kunstinstitusjoner.

Disse overlappende situasjonene befrukter både kunsten og den vitenskapelige verdenen Mark Dions kunst berører. Hans utgangspunkt er samlerens og systematikerens verden, der man går ut i felten, studerer naturens forunderligheter og skaffer seg oversikt over forskjellige vesener og arter. Resultatet bringer han inn i kunstrommet i form av absurditeter, paradokser og poesi. Han bringer kunsten inn i naturhistoriske sammenhenger og naturen inn i gallerier og kunstmuseer. Han skaper en krysning mellom livet utenfor og livet innenfor museene og galleriene.

Dion inviterer oss inn i et fruktbart og til tider barokt teater. Hans fascinasjon over vitenskapens etablerte systemer for forståelse av naturens vilkårligheter blir råmaterialet for hans kunst. Han organiserer mange av sine installasjoner etter prinsipper som ligner på standardiserte, akademiske kategoriseringer. Han nummererer, men ut fra ukjente prinsipper. Han ordner etter farge, størrelse og form, men uten å antyde noen klar lesbarhet. Ryddigheten synes kun tilsynelatende. Han systematiserer slik marsboere ville ha gjort det om de kom til Jorden, fant uforståelige gjenstander og skulle organisere funnene. Former som kanskje kan passe til hverandre, farger som kanskje har noe med hverandre å gjøre. Publikum er tvunget til å overta og selv lete etter en mening som sannsynligvis ikke finnes.

Naturen og dens arter er utsatt for sterkt press fra vår sivilisasjon. Er naturen sterkere enn sivilisasjonen? Vil naturen klare å ta over igjen når kulturen forvitrer? Hvilke deler av naturen vil kunne klare seg videre? Dette er spørsmål som uvegerlig dukker opp i forbindelse med Mark Dions kunstverk.

En rekke dystopiske bøker og filmer handler om samfunnet som har gått i oppløsning. Storbyer blir gjengrodd jungel der naturen har tatt over og etter hvert dekker over sivilisasjonsrestene. Den franske forfatteren Michel Houellebecq avslutter sin siste bok *Kartet og terrenget* med følgende setning: «Vegetasjonens seier er total.» Sivilisasjonen går under, og vegetasjonen legger seg som et teppe over alt. På den annen side finner vi den amerikanske forfatteren Cormac McCarthys bok *The road*, som handler om naturen etter katastrofen. Hvilken katastrofe forteller han ingenting om. Her har ikke naturen klart å reetablere seg. Verden er et askefylt, dødt landskap. *The road* sår tvil om hvorvidt naturen vil klare å reetablere seg etter hvert som menneskenes forbruk av den akselererer.

De opprinnelige skissene for Mark Dions prosjekt viser en gamme med en sovende bjørn, en jordkjeller. Gammen skulle ligge et stykke ut i terrenget fra enden av den allerede eksisterende gangveien og utsiktspunktet på Vedahaugane. Inne i konstruksjonen skulle bjørnen ligge på en pyramide av forskjellige gjenstander. Publikum skulle komme inn i gammen og se installasjonen gjennom en glassvegg. Denne gammen ble i løpet av prosessen endret til en hule. På dramatisk vis slynger gangveien seg nå fra parkeringsplassen og oppover rundt åsryggen før den fortsetter rett inn i fjellet, inn til et hi. Her ser vi bak en glassvegg et diorama som viser den sovende bjørnen. Den ligger ikke på mose og lyng, men på en haug sammenraskede sivilisasjonsrester, gjenstander fra vikingtiden i bunnen og alskens pads, pods og annen elektronikk fra vår tid på toppen.

I installasjonen ser det ut til at bjørnen har fått det siste ordet. Den ligger i dvale på toppen av sivilisasjonspyramiden, som den igjen regjerer over. Eller antyder installasjonen en framtidig gold klode der sivilisasjonsrestene ligger strødd utover og bjørnen er frarøvet et naturlig habitat? Er bjørnen den overlevende, eller er den bare en del av restene?

Arkitekt Lars J. Berge og Mark Dion har samarbeidet om prosjektet på Vedahaugane/Aurlandsfjellet. Gangveien, som var ferdig før Mark Dion begynte sitt arbeid, endte opprinnelig i et utsiktspunkt og en benk, men tar nå en uventet sving innover igjen og ender i en huleinngang inn til bjørnehiet.

De forskjellige elementene til installasjonen er bygget i Lærdal, der Mark Dion sommeren 2011 og 2012 etablerte et atelier i et nedlagt butikklokale. Resultatet ble så transportert opp til Vedahaugane sommeren 2012, satt sammen og installert der.

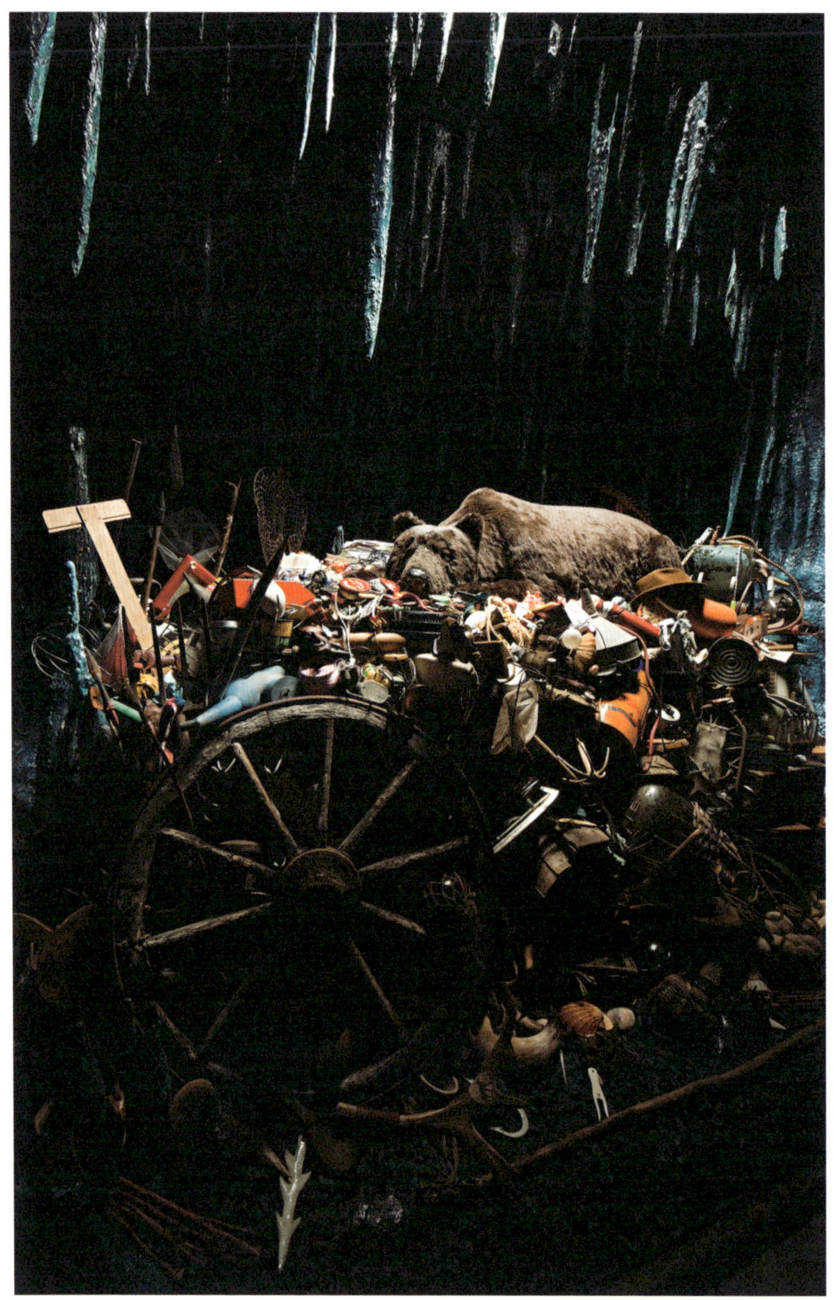

SVEIN RØNNING
Curator and director of the National Tourist Routes art project

Den

Aurlandsfjellet is surrounded by Sognefjord, Aurlandsfjord, and Nærøyfjord, Lærdal, Gudvangen, and Aurland. This is an area of Norway that is steeped in tradition, and so there is history around the mountain in every direction. In Lærdal there's Lærdalsøyri, with its original dense village structure, Laksesenter with its stories about the history of salmon fishing and installations that recount the visits of the English salmon lords. Further up the valley is Borgund stave church, plus the world's longest road tunnel with its light installations. On the other side of the mountain is Aurlandsbygda with its beautiful 13th-century stone church. Aurlandsfjellet itself is a barren mountainous area, and there is good reason why the stretch of road over the mountain is called *Snøvegen (The Snow Road)*. The snow remains on the ground here well into the summer, and the season is short. Even at midsummer there can be huge snowdrifts right up along the sides of the road.

With the sparse vegetation, this is a distinctive mountain crossing. Before the construction of the Lærdal tunnel it was this road, along with the ferry between Gudvangen and Refsnes, near Lærdal, that was the only connection between Aurland and Lærdal. Given that the road over the mountain was closed during the winter, the ferry became the only option for many months of the year. The natural beauty here is dramatic, stark, and spectacular. But one doesn't have to travel far down from the mountain before encountering lush vegetation. On the south side of the mountain is *Stegastein*, a boldly conceived viewing platform over Aurlandsfjorden, designed by the Norwegian architects Saunders/ Wilhelmsen. The construction, which extends straight out over the fjord, invites you to a dizzying experience in which you feel as if you're hovering over the fjord. And now, on the north side, you will find the contrapuntal project by Mark Dion. It goes the other way: into the mountain, to the underworld. Dion was invited to come up with a project for Aurlandsvegen because of his distinctive artistic language, which contains elements of biology, botany, archeology, and natural history.

Mark Dion's art work at Aurlandsfjell is an installation featuring a bear, who lies asleep on top of a pile of objects found at flea markets and in thrift shops in many countries. The title, *Den,* indicates that the bear is hibernating. To encounter this installation is to experience associations that go in a number of directions. Dion has given us a fruitful set of materials we can ponder and wonder at. Dion is a storyteller. His art is about culture and its encounter with nature; about the world of anthropology, ornithology, zoology, and botany and its encounter with art. He is clearly inspired by natural-history museums and one of his themes is the aesthetic of their displays. His art wedges itself in between the natural-science museum spaces and the art spaces – galleries, art museums. He is equally happy to display his work in natural-history museums as in art institutions.

These overlapping situations fertilize both the art and the scientific world that Dion's art touches upon. His art has its origins in the world of the collector and the systematizer, where one goes out into the field, studies nature's wonders, and acquires an overview of various creatures and species. He brings the results of this into the art space with absurdities, paradoxes, and poetry. He introduces the art into the context of natural history, and introduces nature into galleries and art museums. He establishes a connection between life outside and life inside the museums and galleries.

Mark Dion invites us into a fertile and at times baroque theater. His fascination with science's established systems of understanding of nature's caprices becomes the raw material for his art. He organizes many of his installations according to principles that resemble standardized academic categorization. He enumerates, but on the basis of un- known principles. He arranges things according to color, size, and form, without implying any clear readability. The orderliness seems only to be a matter of appearance. He systematizes in the same way Martians would do if they came to earth, found incomprehensible objects and set about organizing their finds. Forms that may look as if they belong together, colors that may have something to do with one another. The audience is forced to take over and even look for a meaning that probably does not exist.

Nature and its species are subject to strong pressure from our civilization. Is nature stronger than civilization? Will nature manage to take over again when culture disintegrates? Which parts of nature will be able to go on? These are questions that inevitably turn up in connection with Mark Dion's art work.

A number of dystopic books and films are about the dissolution of human society. Great cities become overgrown jungles where nature has taken over, and eventually covers over the traces of civilization. The French author Michel Houllebecq concluded his most recent novel, *The Map and the territory*, with the following sentence: "The triumph of vegetation is total." Civilization crumbles and vegetation covers its traces like a carpet.

On the other side we find the American author Cormac McCarthy's book *The Road*, which is about nature after a disaster. (He doesn't tell us what kind of disaster.) In this case, nature has not managed to re-establish itself. The world is a dead, asphalt-filled landscape. After having read *The Road*, you can doubt whether nature will be able to reassert itself gradually as humanity's consumption of it accelerates.

The original sketches for Mark Dion's project were of a Norwegian turf hut with a sleeping bear, an earth cellar. The hut was to have been located some distance out on the terrain, from the end of the already existing walkway and the viewing platform at Vedahaugane. Inside the construction, the bear would lie on a pyramid composed of various objects. The audience would enter the hut and view the installation through a glass wall. At some point during the development of the project, the hut was changed into a cave. The walkway now winds dramatically from the parking area and upward, around the ridge, and continues directly into the mountain, into a den. Here we can see behind a glass wall a diorama that shows the sleeping bear. It is not built on moss and heather, but on a pile of the assembled detritus of civilization, artifacts from the Viking Age at the bottom, and all kinds of pads, pods and other electronic items from our own time at the top.

In the installation it looks as though the bear has had the last word. It hibernates on top of the pyramid of civilization, which it once again reigns over. Or is the installation hinting at a future golden globe, in which the remains of civilization lie strewn about and the bear has been deprived of his natural habitat? Is the bear, then, a survivor, or is it just one of the remnants?

Architect Lars J. Berge and Mark Dion have collaborated on the project at Vedahaugane/Aurlandsfjell. The walkway, which was completed before Dion began his work, originally ended at a viewing platform and a bench but now takes a further unexpected swing inward and ends in a cave entrance that leads to the bear's den.

The various elements of the installation have been built in Lærdal, where Dion, in the summers of 2011 and 2012, built an atelier in an abandoned shop. In the summer of 2012 the results were transported up to Vedahaugane, where they were put together and installed.

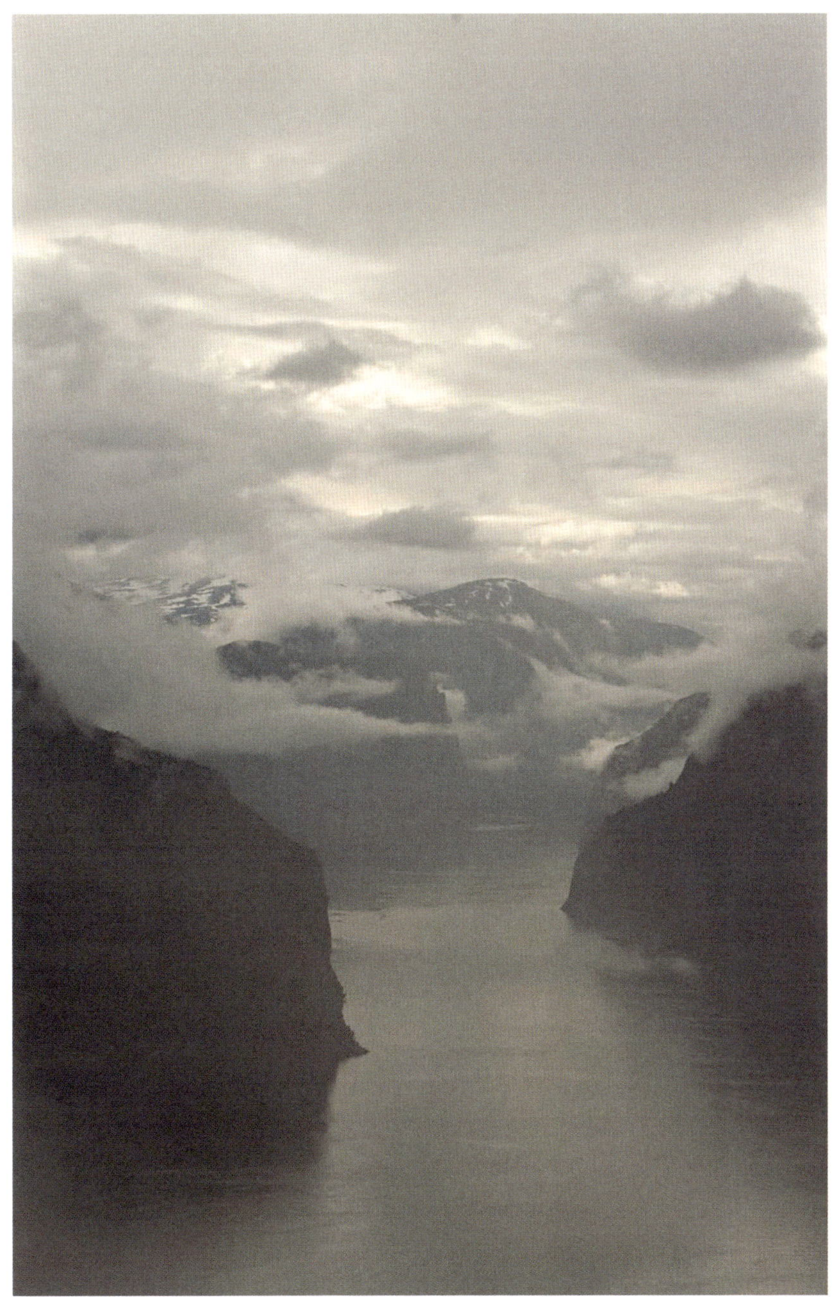

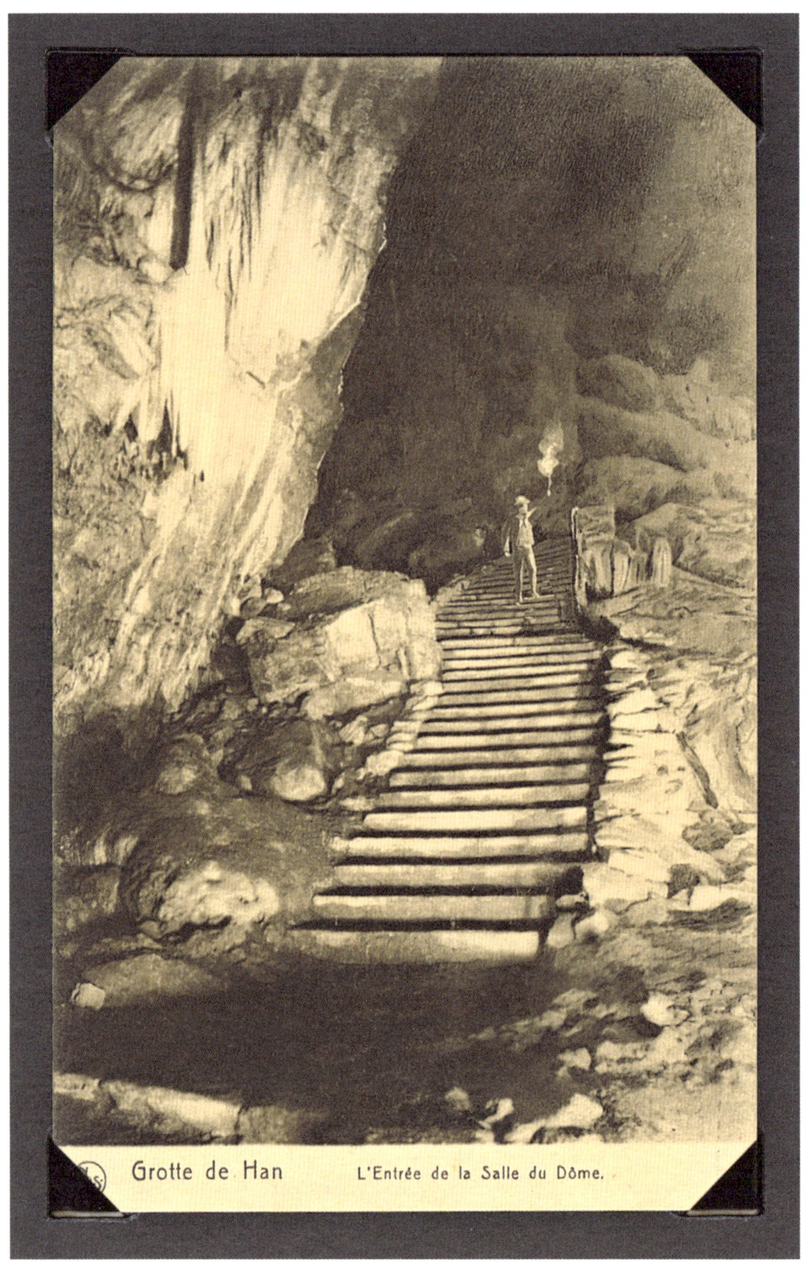

From Mark Dion's postcard resource collection *Book of Grottoes*, 2008

Plates page 26-33,
Mark Dion:

Landfill, 1999–2000
Concrete Jungle (The Mammals), 1992
Grotto of the Sleeping Bear, 1997
Ursus Maritimus, 1995

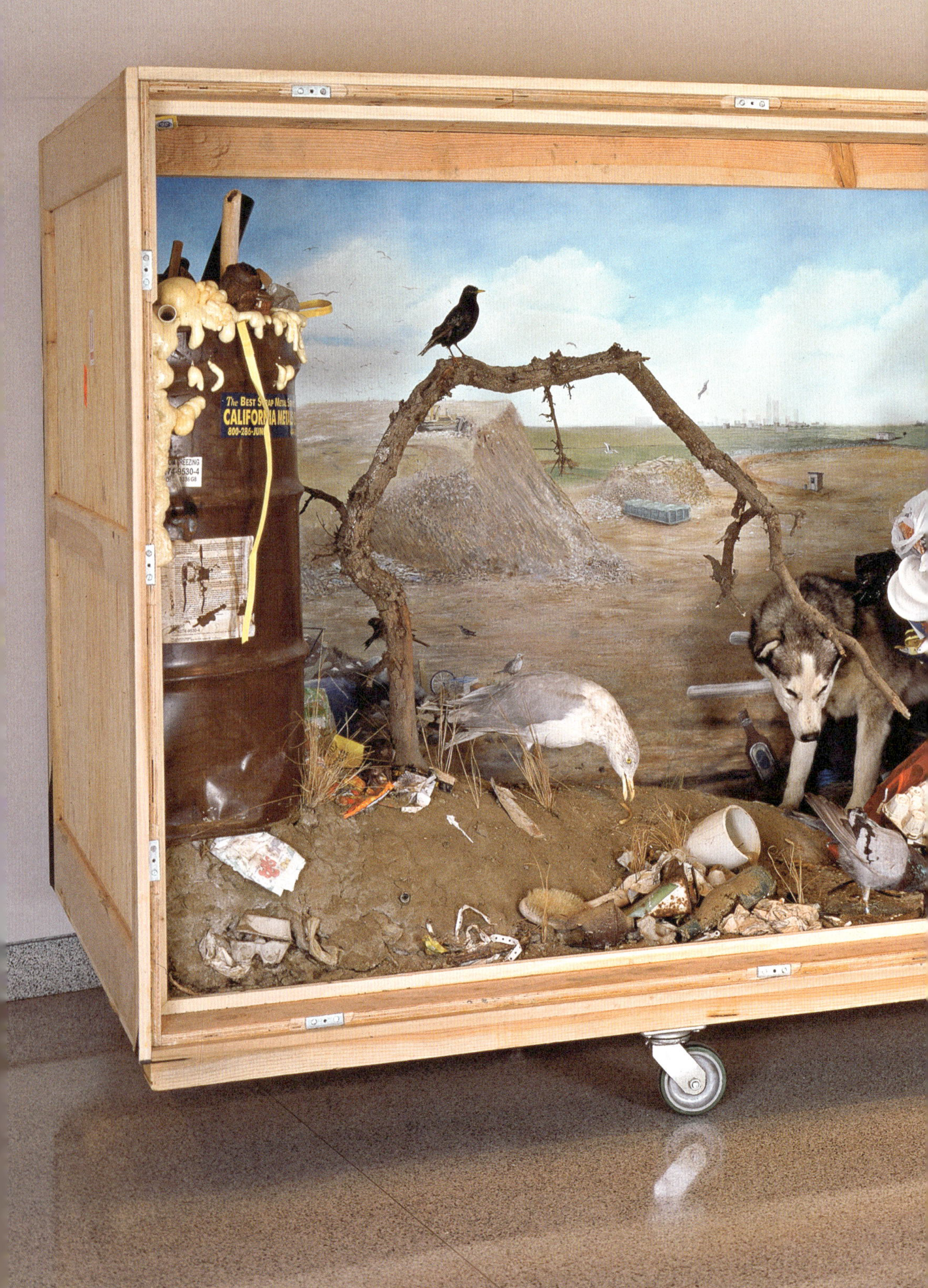
The Best Scrap Metal
CALIFORNIA METALS
800-286-JUN

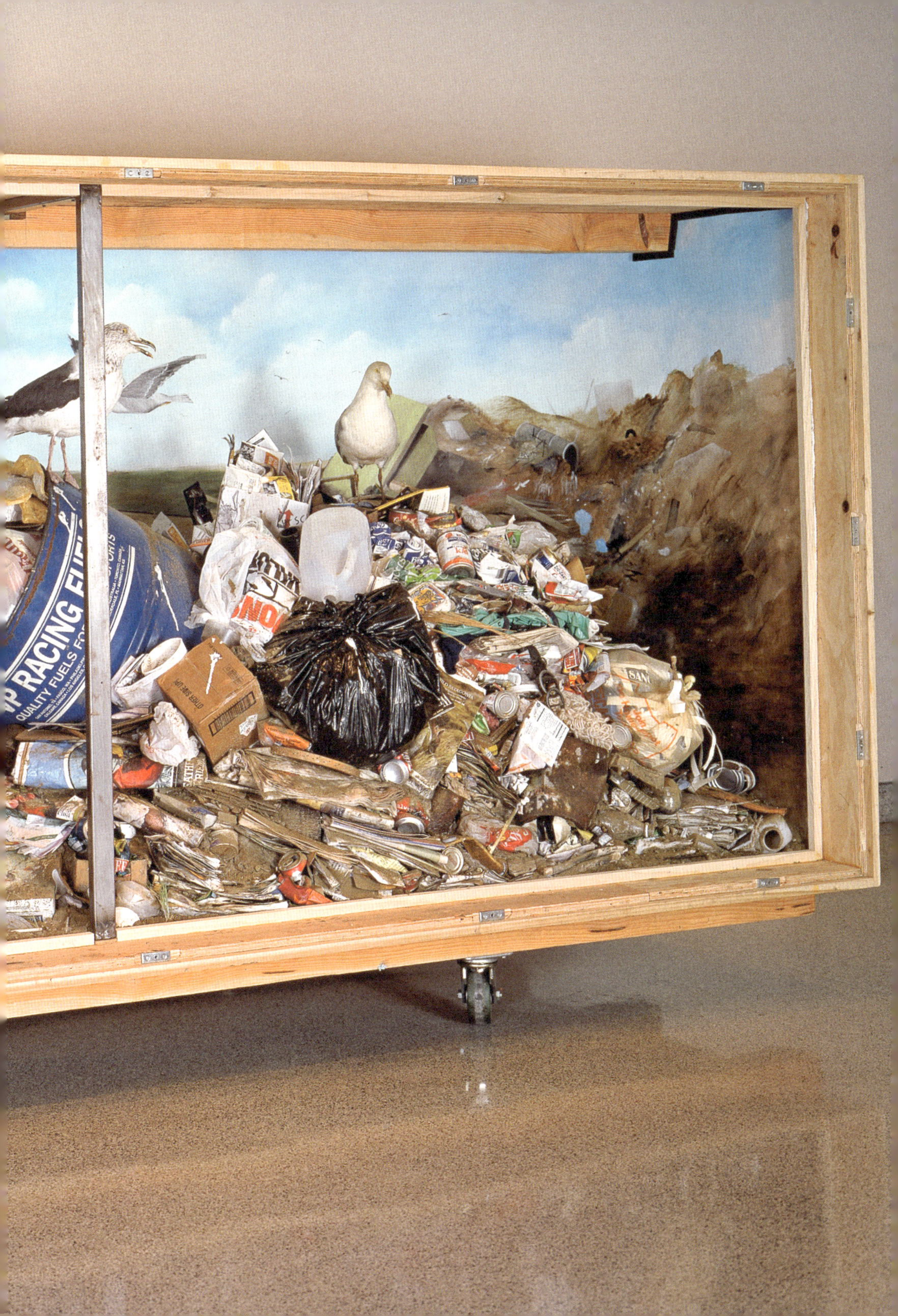

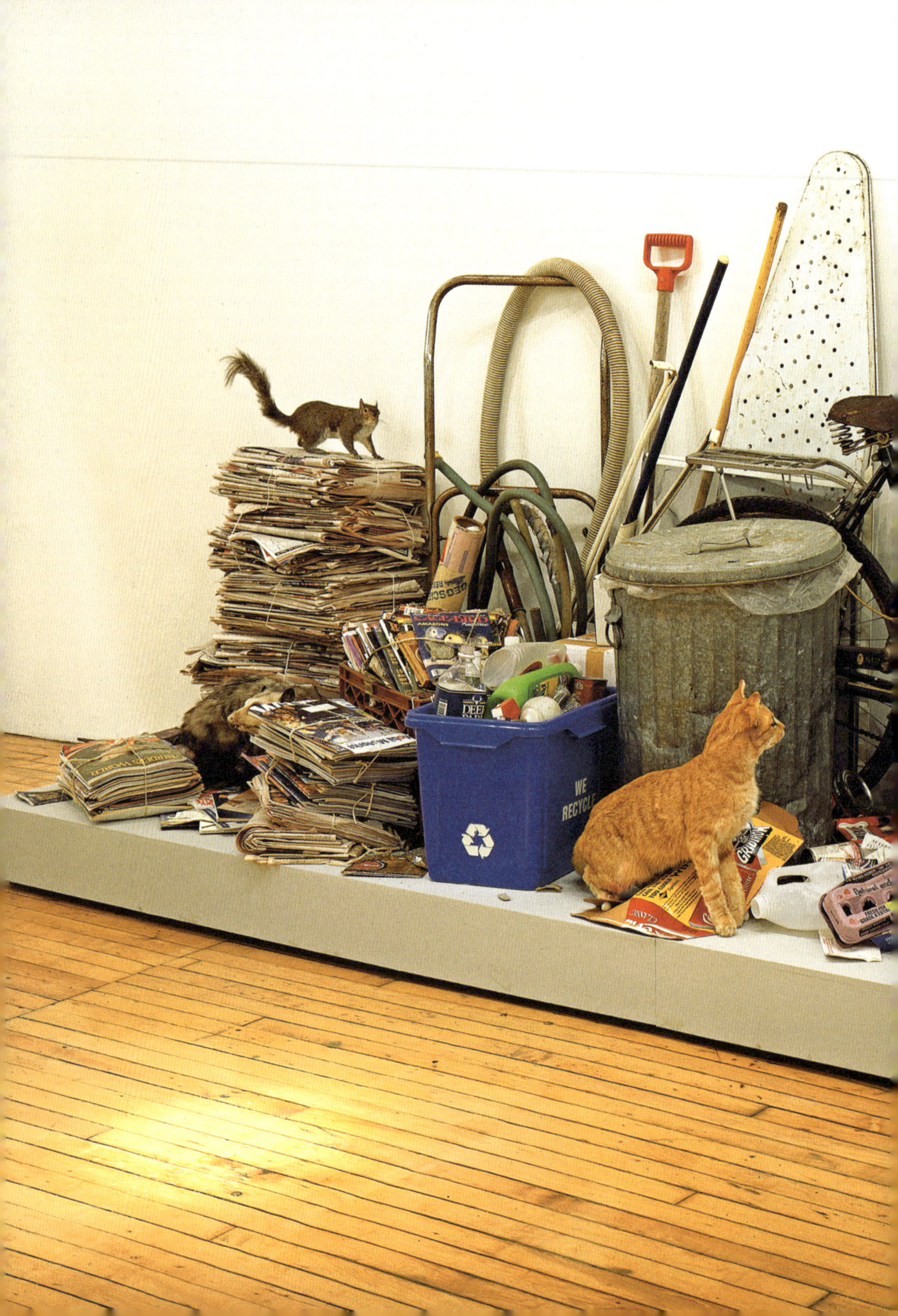

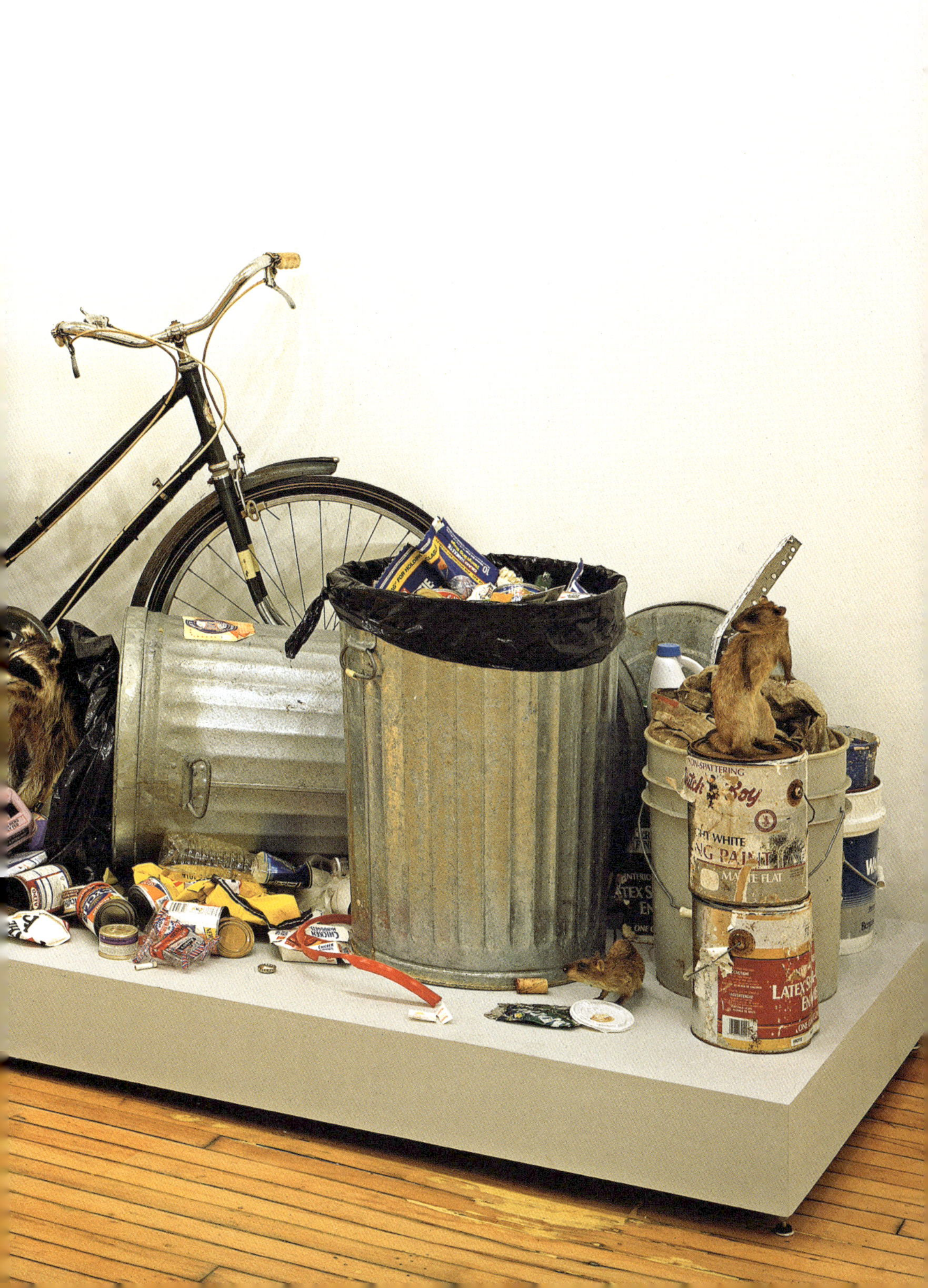

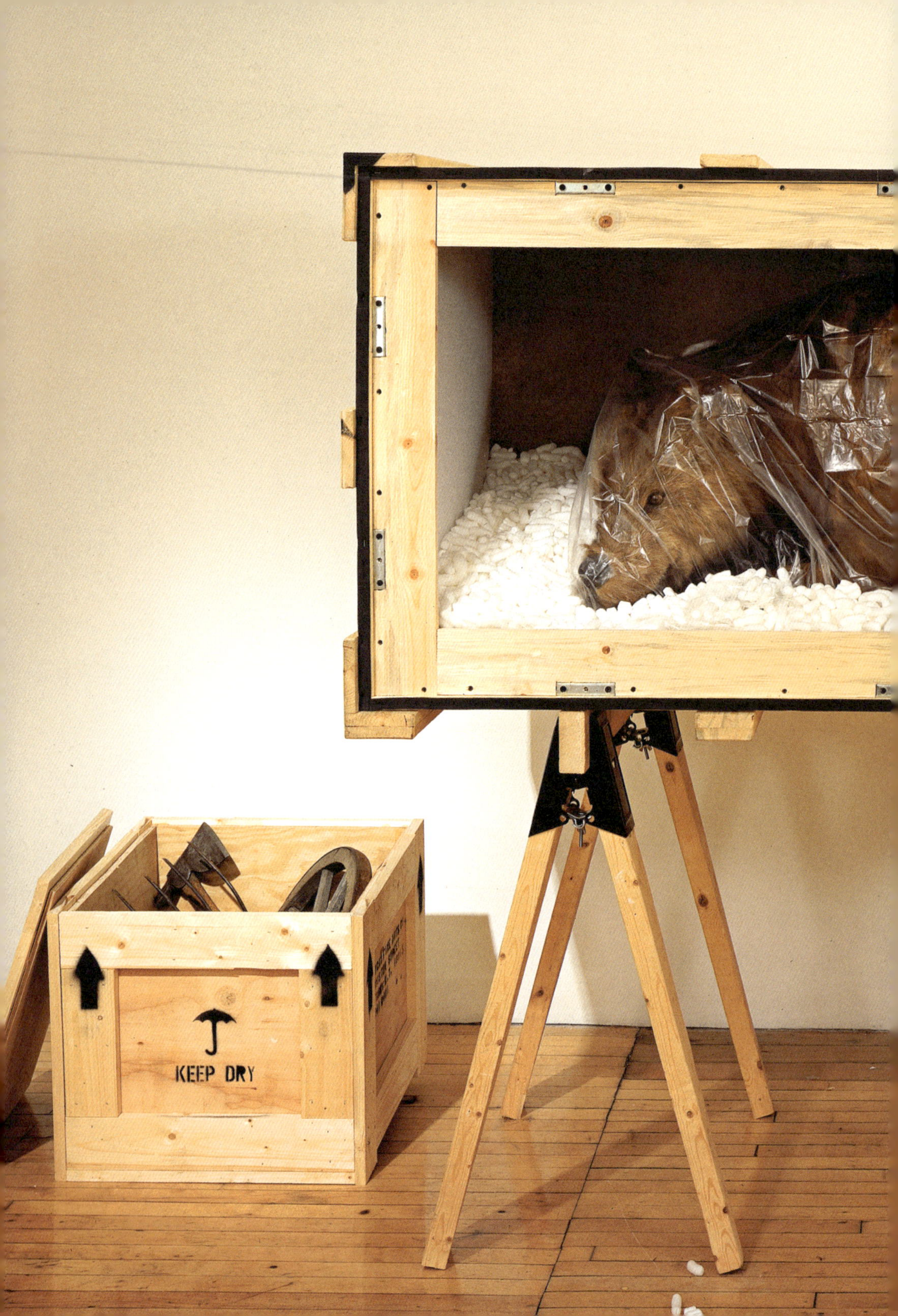

KEEP DRY

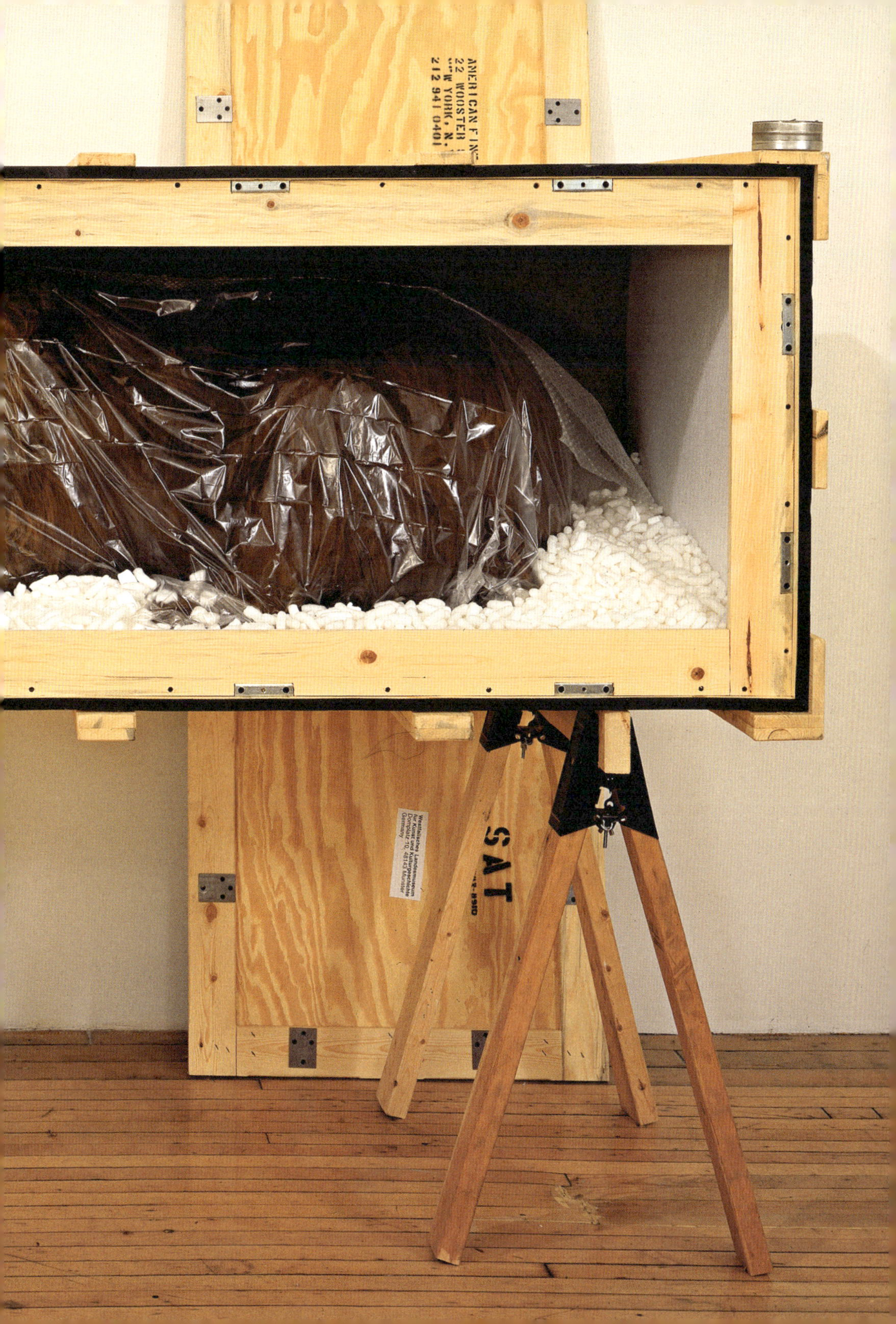
AMERICAN FIN
22 WOOSTER
W YORK, N.
212 941 0401
Westfälisches Landesmuseum
für Kunst und Kulturgeschichte
Domplatz 10, 48143 Münster
Germany
SAT

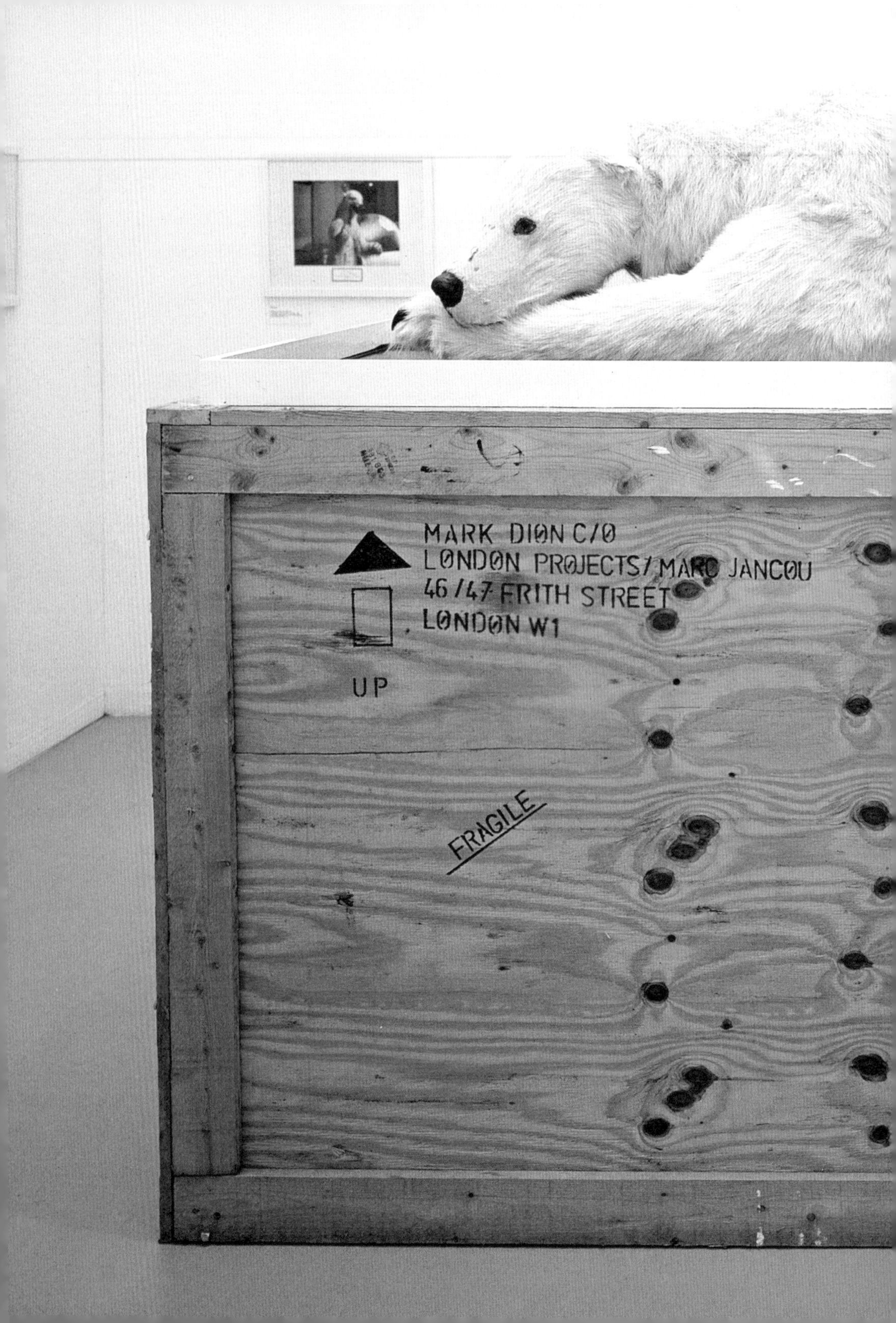

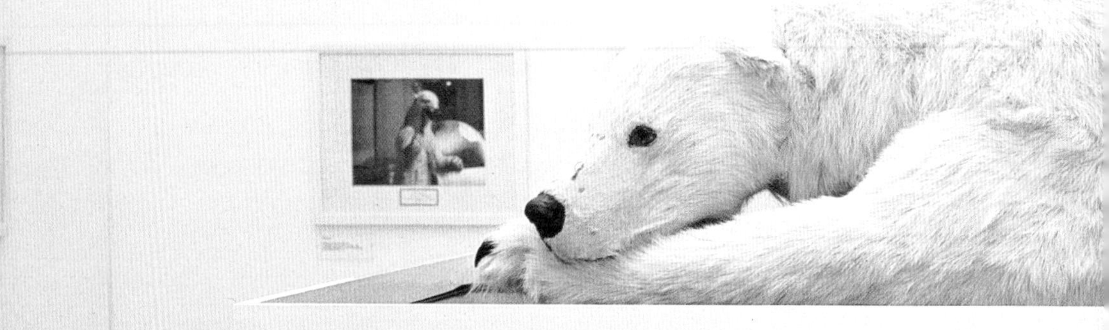
MARK DION C/O
LONDON PROJECTS/ MARC JANCOU
46 /47 FRITH STREET
LONDON W1
UP
FRAGILE

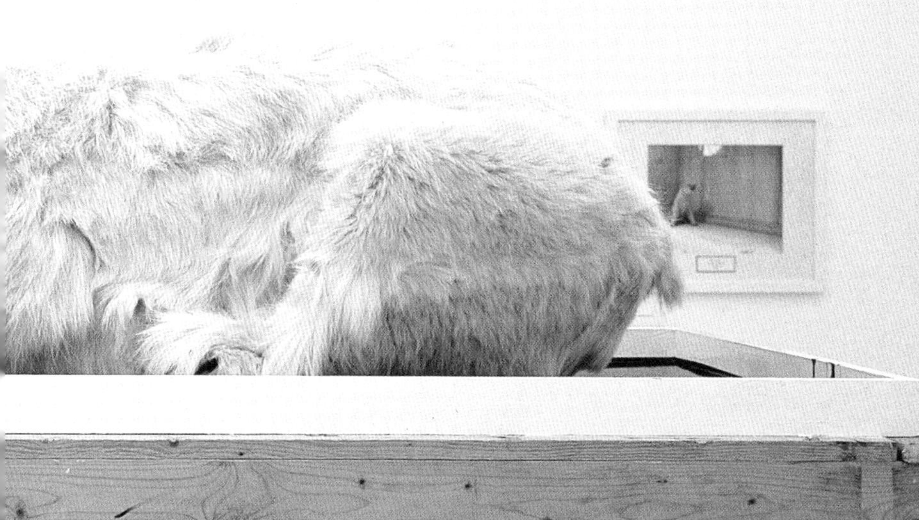

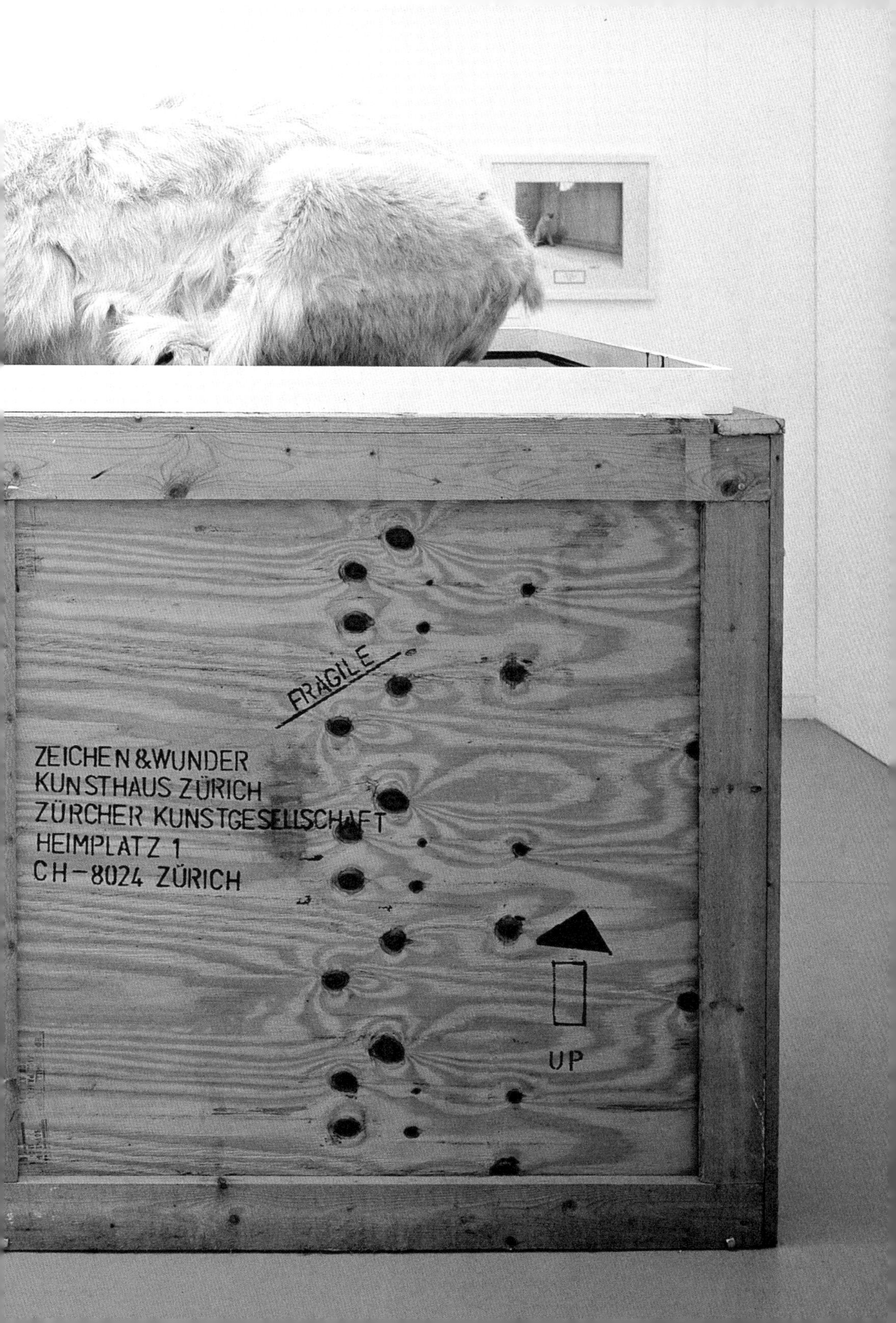

FRAGILE
ZEICHEN & WUNDER
KUNSTHAUS ZÜRICH
ZÜRCHER KUNSTGESELLSCHAFT
HEIMPLATZ 1
CH-8024 ZÜRICH
UP

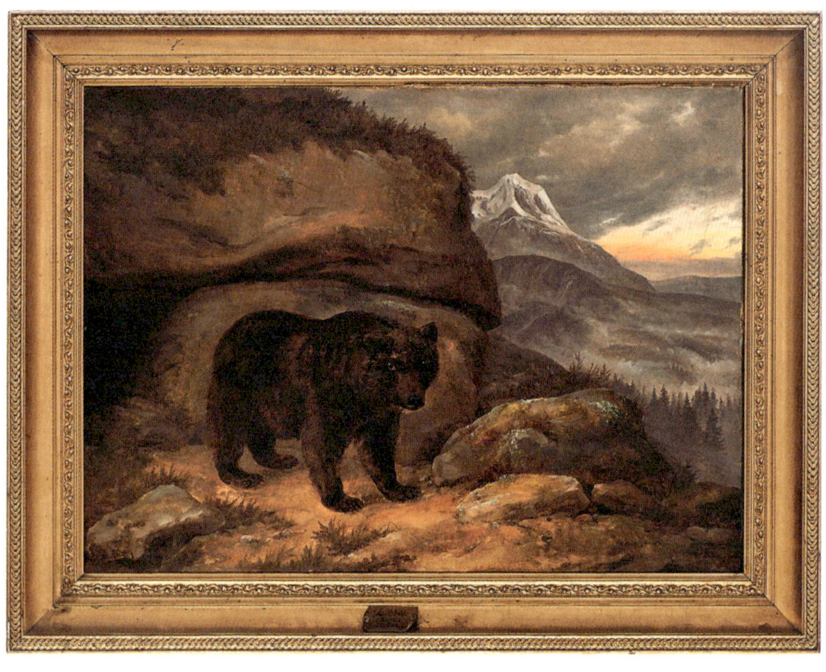

1: Johan Christian Dahl: *Mountain Landscape with a Bear*, 1825,
oil on canvas, 65×89 cm, Bergen Billedgalleri

PETRA LANGE-BERNDT

Et huleshow: Mark Dions sovende bjørn

Bjørnen er Mark Dions heraldiske dyr, og i kunsten hans representerer den idéen om det ville. Dette begrepet kunne minne om romantikkens retorikk, og i 1825 dro faktisk maleren Johan Christian Dahl, en samtidig av Caspar David Friedrich og John Martin, til Norge på leting etter brunbjørner. En naturalistisk oljestudie i Bergen Billedgalleri viser et av disse dyrene som står foran den mørke inngangen til en hule, med et sky blikk rettet mot publikum (Fig. 1). Men vi bør merke oss at hulen har vært et sted for bedrag og utflukter selv før Platons berømte lignelse.[1] Dahls lille lerret, hans flyktige penselstrøk og de utfyllende skissene antyder et direkte utendørs møte med denne representanten for en heroisk natur. Maleren kunne imidlertid bare ha sett brunbjørn i deres nordlige habitat noen tiår tidligere, i sin ungdom, eller møtt dem i menasjerier eller i drømme: Det var først året etter at Dahl, som da bodde i Dresden, skulle legge ut på en av sine fem ekspedisjoner til sitt fedreland.[2] Dette portrettet av en *Ursus arctos* er derfor ikke resultatet av nærgående studier utført i felten. Dyrets stive positur peker på de standarder som ble etablert av naturhistorikeren Comte de Buffon i hans *Natural History* (1749–1789) (Fig. 2). Johan Christian Dahls maleri kan først og fremst beskrives som et nostalgisk bilde på lengsel.

Dion dro i 2011 nærmest i Dahls fotspor da han reiste fra New York til Norge for å kartlegge brunbjørnens situasjon i dag. Installasjonen *Den*, som er resultatet av disse undersøkelsene, og som ligger i nærheten av Lærdal, er en del av

Norges Nasjonale turistveger, et program som skal gi nytt liv til gamle veier som – i romantikkens ånd – skal føre reisende til spektakulære og naturskjønne steder. Dion har i lengre tid nå dratt på ekspedisjoner til tropiske regnskoger og polområdene – han er også amatørnaturhistoriker og samarbeider ofte med spesialister fra ulike disipliner. Og likevel finnes det, for ham, ingen vei tilbake til naturen. Dions undersøkende reiser har ført til spennende opplevelser innen de kulturelle institusjonene som dikterer hvordan våre oppfatninger om flora og fauna har kommet til uttrykk i samfunnet: fyrstelige kuriositetskabinetter, borgerskapets naturhistoriske museer, dyreparker og botaniske hager. Ved å skape installasjoner og gjøre inngrep som er tilpasset miljøet rundt, fordyper Dion seg i disse samlingene, i deres historier og grupper av gjenstander, for å løfte frem og kommentere naturvitenskapens dominerende ideologier og store fortellinger. I Lærdal kommer vi derfor ikke til å stoppe ved munningen av hulen; her legger vi ut på en reise til jordens indre. Men i det svake lyset i en blåskimrende grotte med stalaktitter og stalagmitter blir ikke de besøkende overveldet av kvasireligiøse eller sublime følelser, som de som er beskrevet i reiseskildringene til 1800-tallets turister på besøk i Den blå grotte på Capri (Fig. 3). I stedet blir vi konfrontert med dagens politikk: Hulene er rike på arkeologiske avleiringer og blir betraktet som skattkister som bugner av menneskets kulturarv. I samsvar med dette viser modellen av den fullvoksne bjørnen vi møter her, et dyr som ligger i vinterdvale på en enorm haug av sivilisasjonens avfall. *Den* kan beskrives på linje med Louis Aragons «det forgjengeliges tilfluktssted»[3], nærmere bestemt som et økologisk motivert minnested. Selv om den forhistoriske hulebjørnen døde naturlig ut i pleistocen, er etterkommerne dens truet av en utryddelse som er fremskyndet eller forårsaket av menneskene (Fig. 4).[4] Ikke bare klimaendringer og forurensning, men også Norges oljeproduksjon, har drastisk redusert bjørnens naturlige habitat, og laksen – som er hovedføden – er truet av lakselus som blir spredt av oppdrettsanlegg. Til sammen er det i dag bare noen få hundre brunbjørner i Sentral- og Vest-Europa.[5] Og da gjenstår spørsmålet: Når den nå er fratatt sitt habitat, hva kan dette dyret drømme om i denne hulens beskyttende ly?

Det er ingen tilfeldighet at Dion har plassert fortellingen sin i en kunstig grotte, da disse store hulene har en lang historie som steder for refleksjon og simulering. Grotter ble betraktet som modeller av universet, eller i det minste som kjernen i en fyrstehage.[6] I Pratolino eller Boboli var det for eksempel vanlig at man lagde kunstige naturgrotter av materialer som tuffstein eller pimpstein. I tillegg til betalingsautomater og narrefontener var dyr eller dekorative skjell, koraller og sneglehus betraktet som en integrert del av arkitekturen (Fig. 5).[7] *Den* finner en spesiell gjenklang i tiden mellom opplysningstiden og romantikken, i den kultiverte villmarken i landskapshagene. Disse grottene sørget for underjordiske (eller det som var tenkt å være underjordiske) rom, en flukt til eventyrverdener eller glemte tider, og med dette muligheten til å unnslippe virkeligheten og samfunnets begrensninger. Det var ikke en utgang til lyset, en vei ut av hulen, men reisen inn til jordens sentrum som skulle få en til å slappe av og gjøre det mulig å nå en høyere sannhet gjennom meditasjon.[9] I dette perspektivet ligner Dions bjørn en eneboer som mimrer om bedre dager. Men huledrømmene fra 1700- og 1800-tallet var kortlevde og fremfor alt uoppfylte, og resulterte slik bare i melankoli og virkelighetsflukt.

Den henviser faktisk til et annet aspekt ved den kunstige grotten. Som musenes bolig har disse hagedekorasjonene lenge blitt anvendt som alternative utstillingssteder for mineraler eller skulpturer. I 1873 benyttet dyremaleren William Beard denne tradisjonen til et planlagt amerikansk kunstmuseum i New York, hvor en underjordisk grottekonstruksjon skulle føre fra Central Park til utstillingsområdet og slik fungere som en annen inngang til rommet (Fig. 6).[10] Besøkende ville således følge kunstens utvikling ved å passere gigantiske skulpturer av dinosaurer eller av dyr som bjørner, før de til slutt nådde menneskeheten og dens kulturarv. Men Dion selv er ingen museumsgrunnlegger i opplysningstidens ånd; snarere er det nettopp den underliggende historien til utstillingspraksisen som interesserer ham. Som vist i hans *Book of Grottoes*, en samling av postkort fra hele verden, oppstod det for lenge siden en spesifikk underjordisk kuratorisk praksis i moderne turistifiserte dryppsteingrotter.[11] Som Dions mediearkeologi viser, i den forstenede formløshetens skumring, lar hulens mørke fantasien utfolde seg.[12] Plutselig befinner vi oss i fantasiland med eventyrhuler, spøkelseskammer, hengende hager, frosne fontener, drømmehaller og speilsjøer. Disse attraksjonene er ofte badet i selvlysende grønt eller skjær av blått, eller en hvilken som helst av regnbuens farger, og – som om ikke det var nok – er de ofte kombinert med psykedeliske lysshow akkompagnert av orgelmusikk. I motsetning til Platons hulelignelse taler disse overdådige lokalene til alle sansene hos de besøkende der de i tusentall famler seg frem langs de sleipe veggene og puster inn muggen luft fra tusener av år tilbake. Sett slik er *Den* mer tivoliunderholdning enn et hjem for guder, en spøkelseshuslignende hule full av dårlig smak.[13] Og slik virker det enda mer passende at man her i stedet for høykultur finner to varianter av sub-skulpturer – søppel og en hyperrealistisk dyrekropp.[14]

De historiske grottene inneholdt noen ganger kopier av kropper, som for eksempel voksfigurer – og Mark Dions sovende bjørn i *Den* minner om Madame Tussauds berømte *Tornerose* – men *Den* ligner også habitatene man finner i dioramaer i naturhistoriske museer, der man har stilt ut villmarkens biotoper og grupper av utstoppede dyr siden slutten av 1800-tallet (Fig. 7). Denne utstillingsteknikken, som kom fra USA og Sverige, var begynnelsen på en omorganisering av samlinger ut fra en evolusjonistisk tankegang. Tredimensjonale fremstillinger av habitater viste komplekse økosystemer på samme tid som det markerte perioden da utnyttelsen av naturressurser gikk inn i en kritisk fase.[15] Utstopperkunsten, med konservering og montering av dyreskinn i virkelighetsnære positurer, er nært forbundet med kolonitidens interesse for ekspedisjoner og omorganiseringen av verden. Ved å stille ut dyremontasjer fanget i bevegelse tilbød disse nyetablerte institusjonene kontakt med det man anså for å være en opprinnelig, paradisisk natur. Filosofen og vitenskapshistorikeren Donna Haraway sa det slik: «Når dominansen er fullstendig, blir bevaring nødvendig.»[16] Fortellingen om koloniherrenes overlegenhet fortsetter til en viss grad frem til våre dager, når antatt tapte gjenstander fra en primitiv villmark blir en besettelse.[17] Selv når Dion ironisk fremstiller seg selv som jeger – som for eksempel i fotografiet *The Bear Hunt* (2005)[18], reflekterer alle bjørneinstallasjonene hans – som *Ursus maritimus* (1991), *Grotto of the Sleeping Bear* (1997) eller *Dundee Bear Broch* (2005) – over naturhistorikernes ekspedisjoner til koloniene, så vel som tilstanden til deres jakttrofeer (Fig. 8, 9). På hans egne reiser verden rundt har artisten i hovedsak vært opptatt av å observere levende dyr på avstand. Han er derfor klar over at bjørner er like vanskelige å oppdage som deres oppholdssteder, fordi de skjuler sine spor ved inngangen til hulene sine.[19] Selv om vitenskapene på 1800-tallet fremstilte dyremontasjene som et direkte møte med naturen eller som en objektiv representasjon av dyrene, er utstoppede dyr heller et produkt av dyktig og møysommelig håndverk. Disse kunnskapsobjektene er ikke «reelle objekter som sådanne, men [...] mål for erkjennelse [...] ustabile samlinger av tegn og gjengivelser» med stadig skiftende kulturell betydning.[20] I tillegg har brunbjørnen alltid vært et dyr mennesker har projisert sin frykt, sine håp og sine fordommer på.[21] Dette dyret fremstår relativt nøytralt i arbeidene til Johan Christian Dahl, men de eksemplarene man finner i naturhistoriske museer faller generelt sett innenfor to hovedkategorier. Eldre utstillinger fremstiller bjørnen som et aggressivt dyr, mens senere tredimensjonale fremstillinger av habitater viser den som et individ som er verdt å beskytte, og som er avhengig av menneskenes hjelp.[22] Men betydningene og maktrelasjonene som er historisk forbundet med utstopping, er ikke faste:[23] Brunbjørnen i *Den* inntar ingen av disse positurene. I stedet ignorerer han sitt menneskelige publikum og har trukket seg tilbake i vinterdvale.

Mark Dions kunst bygger på en økologisk forståelse, og hans underjordiske hule forstyrrer derfor ikke landskapet rundt og de sårbare moseplantene som finnes der. Og ser man nærmere etter, blir det klart at denne kunstneren, til tross for all hyperrealisme, unngår å bruke levninger og suvenirer som kan gi opphav til myter. Bjørnene i Dions verker har ikke blitt jaget og skutt i vill tilstand. Det som møter publikum, er postmoderne dyrekropper som enten er gjenskapt av autoriserte utstoppere med skinn fra dyr, eller, som i *Den*, er laget kun av syntetisk pels.[24] Til forskjell fra dyrene fra habitat-dioramaer avslører ikke Dions virkelighetsnære bjørnekopier sitt opprinnelsessted og avviser autentisiteten og referansemuligheten som vellykkede trofeer gir.[25] Og ser man nøye etter, kan man finne en lignende fremgangsmåte i naturhistoriske museer også: Særlig utryddede eller truede dyrearter, som dinosaurer eller dronter, blir representert som modeller, som biologiske skulpturer basert på fossile skjelettlevninger, bilder av alle typer og på vidløftig spekulasjon. Dion, derimot, erstatter autoriteten til slike offentlige institusjoner, som fremstiller spesialeffekter som objektive fakta, med kritisk refleksjon. Hans digre bamser er ikke en erstatning for et virkelig møte, men de representerer heller ønsket om å kunne kontrollere naturen, å markedsføre og tilpasse den for å imøtekomme menneskelige behov. Slik som den slu hvithvalen som ble jaget av Kaptein Ahab i romanen *Moby Dick*, er disse bjørneinstallasjonene en konkretisering av den kollektive fantasien. Og de syntetiske utstoppede dyrene som forekommer i andre verker slik som *Polar Bears and Toucans (from Amazonas to Svalbard)*

(1991), minner oss på at selv om levende bjørner har forsvunnet fra dagliglivet i urbane strøk, er de desto mer levende til stede i folkelig billedbruk og materiell kultur (Fig. 10). I denne sammenhengen har ikke dyrene noe annet valg enn å forbli fanget i antropologiske kontekster.[26] Derfor burde vi kanskje ikke fokusere for lenge på våre søte erstatninger. Som kunstneren har vist i andre verker, er det når alt kommer til alt, mindre fotogene livsformer som insekter, mikrober og bakterier som kommer til å bety mye mer for den økologiske balansen og artsmangfoldet.

Mark Dion ser ikke naturen som en uforanderlig kategori eller en paradisisk status quo som må bevares. I stedet demonstrerer *Den* de uløselige båndene mellom menneske- og dyreliv; bjørnemodellen gir oss en anledning til å reflektere over vår egen identitet så vel som forholdet mellom menneskedyret og andre vesener, planter eller landskap. Men til slutt, når vi går inn i dette «diorama av et diorama»[27] – som ikke setter begrepet om et tidløst Arcadia opp mot urbane økosystemer – har vi likevel gått i kunstnerens felle: De som besøker slike grotter, møter vanligvis sitt innerste jeg.[28] Skraphaugen som nå er blitt en del av bjørnens habitat og føde, er samtidig en referanse til våre egne urbane huler: tunneler, katakomber, kloakksystemer, undergrunnssjakter og depoter (Fig. 11). Når vi betrakter dette aspektet ved installasjonen, faller den tilsynelatende klare lagdelingen av tiden sammen, og vi sitter igjen med en kaotisk historiens skraphaug; her finner vi objekter fra den nyere steinalder frem til i dag, hvor mesteparten er samlet på loppemarkeder – alt fra bøker som Lewis Carrolls *Alice i Eventyrland* til klær, bagasje, leker, esker, skrekkfilmer på VHS eller defekte deler av teknisk utstyr, så mange ting at det ville være umulig å ramse opp alle. Denne uryddige samlingen av ting som kommer til syne gjennom Dions arkeologi, forhindrer forsteningen som vanligvis ville finne sted i en dryppsteinsgrotte. For søppel representerer et gradvis sammenbrudd, avfall blir sakte til en ubestemmelig masse. Og det er viktig å merke seg at søppel kun eksisterer i flertall. Denne *Ursus subterraneus* er således ikke en enslig eremitt, siden denne søppelhaugen står for en klebrig materie, for et økosystem hvor alle ting er fanget i et komplekst nettverk. På denne måten er *Den* i dialog med landskapet rundt og dets historie. Det var under romantikken at forløpere til en økologisk tankegang begynte å tre frem i Europa. Men begrepet om natur kom hånd i hånd med den gryende nasjonalfølelsen som kunstnere som Dahl ikke var immune mot, og selv i perioden med tysk nasjonalsosialisme tilbød flere statlige organisasjoner turer til de norske fjordene for at såkalte ariere skulle kunne finne tilbake til røttene til sin antatte nordiske «natur». Utstopping, søppel og kunstige grotter – bestanddeler i B-filmer og subkulturer – passer dårlig til ideologier basert på blod og jord. *Den* gir oss en smak av Coney Island og Las Vegas, en invasjon av krysninger og urene ting i den antatt heroiske norske vill-marken: ikke romantikkens blå blomst, men den ekstravagante kunstige blå grot-ten til den bayerske kongen Ludvig II, opplevd gjennom den blå pillen til en psy-kedelisk kultur (Fig. 12).

Alt i alt innebærer denne passasjen gjennom grotten – et overgangsrom – muligheten av å nå en håndgripelig utopi, en åndelig omstilling og fornyelse. *Den* tar sikte på å kunne stimulere de besøkendes bevissthet om økologiske spørsmål, eller som Dion selv sier: «Uansett hvor innskrenket og sårbart vårt bilde av natu-ren har blitt, blir vi stadig gjennom oversvømmelser, tørke, jordskjelv og klima-endringer minnet på kraften og kompleksiteten i miljøet og vår manglende evne til å forutse eller kontrollere det.»[29] Bjørnen blir sett på som en representativ art – hvis den dør ut, vil andre dyr og planter gjøre det samme. Skulle denne bjørnen dø i vinterdvale, vil *Den* også kunne bli et mausoleum. Men norrøne myter har all-tid vært optimistiske, siden disse dyrene der besitter bemerkelsesverdige magiske evner. De kan forandre form eller stå opp fra de døde.[30] Svaret på spørsmålet om bestanden av brunbjørn noensinne vil vokse igjen – om de vil overleve i dyreparker og reservater, om de kun vil finnes utstoppet i naturhistoriske museer eller leve vi-dere i våre minner – er til syvende og sist opp til oss.

1. Hans Blumenberg: *Höhlenausgänge*, Frankfurt am Main 1989, 241.
2. Dahl ble født i 1788 i Bergen, men forlot Norge da han var 23 år gammel for å bosette seg i København og senere i Dresden. Han reiste først tilbake til Bergen i 1926; fire ekspedisjoner skulle bli gjennomført senere, se Marie Lödrup Bang: *Johan Christian Dahl 1788–1857*, 3 bind, Oslo 1987, her 1. bind, 23 ff.
3. Louis Aragon: *Le paysan de Paris* (1926), Paris 1972, 111.
4. Björn Kurtén: *The Cave Bear Story. Life and Death of a Vanished Animal*, New York 1976.
5. Robert Bieder: *Bear*, London 2005, 40.
6. Naomi Miller: *Heavenly Caves. Reflections on the Garden Grotto*, Boston et al 1982, 7 ff.
7. Claudia Lazzaro: «Animals as Cultural Signs: A Medici Menagerie in the Grotto at Castello», i: Claire Farago (red.): *Reframing the Renaissance. Visual Culture in Europe and Latin America, 1450–1650*, New Haven 1995, 331–333.
8. Fritz Emslander: «Gegenräume: Passagen durch europäische Gartengrotten», i: Utstillings-katalog. *Park. Zucht und Wildwuchs in der Kunst*, Staatliche Kunsthalle Baden-Baden 2005, 45–59; idem: *Unter klassischem Boden. Bilder von Italiens Grotten im 18. Jahrhundert*, Berlin 2007.

9. Blumenberg 1989, 508 ff.

10. Eø J R G. Hassard: «An American Museum of Art. The Designs Submitted by W.M.H. Beard»,
    i: *Scribner's Monthly, an Illustrated Magazine for the People*, vol. 2, no. 4 (August 1871), 409–415.

11. Se også Thomas Demands utførlige samling i: Utstillingskatalog. *Processo grottesco*, Fondazione
    Giorgio Cini (Fondazione Prada) 2007.

12. For en kritikk av Platon se Mark A. Cheetham / Elizabeth D. Harvey: «Obscure Imaginings.
    Visual Culture and the Anatomy of Caves», i: *Journal of Visual Culture*, 1, 105 (2002), 105–126,
    her 106f.

13. Et opprør fant sted blant teamet som hjalp Dion med å bygge hulen: Jason Dunne, Pandora
    Gastelum, Cecilia Jonsson og Brian Wilson nektet å tilsette glitter til den blå malingen; blant
    søppelet finner man Peter Jacksons kultfilm *Bad Taste* (1987).

14. Se Mike Kelley: «Playing with Dead Things. On the Uncanny», i: Utstillingskatalog.
    The Uncanny, Sonsbeek 93, Gemeentemuseum, Arnhem 1993, 3–27.

15. Karen Wonders: *Habitat Dioramas. Illusions of Wilderness in Museums of Natural History*, Uppsala
    1993, 148 ff.

16. Donna Haraway: «Teddy Bear Patriarchy: Taxidermy in the Garden of Eden, New York City,
    1908–36,» i: *Social Text* (USA), no. 2 (1984–85), 20–64, her 28.

17. Pauline Wakeham: *Taxidermic Signs. Reconstructing Aboriginality*, Minneapolis, London 2008, 5 ff.

18. Denne bjørnen ble brukt i installasjonen *Dungeon of the Sleeping Bear* (2005),
    se utstillingskatalog. *Mark Dion presents Dungeon of the Sleeping Bear, the Phantom Forest, the
    Birds of Guam, and Other Fables of Ecological Mischief*, Château d'Oiron / Atelier Calder 2005, 22f.
    Se også utstillingskatalog. *Mark Dion: Concerning Hunting*, Kunstraum Dornbirn et al 2008–10.

19. Bieder 2005, 24.

20. Hans-Jörg Rheinberger: *Toward a History of Epistemic Things. Synthesizing Proteins in the Test
    Tube*, Stanford 1997, 225f.

21. Se Mark Dions liste over «Historical and contemporary vernacular use to apply to the species
    Ursus arctos», i: Utstillingskatalog. Mark Dion présente 2005, 24, og «The Irritated Cloud.
    Mark Dion in Conversation with Lawrence Weschler», i: Utstillingskatalog. *The Marvelous
    Museum. Orphans, Curiosities & Treasures. A Mark Dion Project*, Oakland Museum of California
    2010, 19–31, her 29.

22. Isbjørnen i *Ursus maritimus* kommer i følge med en samling av fotografier som viser
    utstoppede eksemplarer i flere museer i Nord-Amerika og Europa, se Mark Dion: *Polar
    Bear (Ursus maritimus)*, Cologne, 2003; Carolyn Christov Bakargiev: «Ursus maritimus», i:
    Utstillingskatalog. *Natural History and Other Fictions. An Exhibition by Mark Dion*, Ikon Gallery
    Birmingham et al 1997, 44–49. I tillegg satte Dion sammen en annen samling av billedkunst,
    kalt *White Out*, som viser hundre representasjoner av isbjørn fra 1750 til 1910.

23. Se generelt for en oversikt over kunstneriske praksiser som reflekterer over taksidermi og
    eksemplarer oppbevart på sprit: Petra Lange-Berndt: *Animal Art. Präparierte Tiere in der Kunst
    1850–2000*, Munich: Silke Schreiber 2009.

24. Skinnet som er brukt i *Ursus maritimus*, tilhørte en gang ei geit, og pelsen til eksemplaret fra *The
    Grotto of the Sleeping Bear* tilhørte en alpakka.

25. Se Petra Lange-Berndt: «The Demise of Trophies. A Short History of Taxidermied
    Animals in Art», i: Utstillingskatalog. *Furniture as Trophy*, MAK, Museum for Applied
    Arts / Contemporary Art, Vienna 2009, 100–119.

26. Steve Baker: *The Postmodern Animal*, London 2000.

27. Mark Dion i samtale med forfatteren 2011.

28. Vedrørende kjellerens underjordiske krefter, se Gaston Bachelard: *The Poetics of Space* (1958),
    Boston 1994, 17 ff.

29. Mark Dion: «Some Notes towards *Grotto of the Sleeping Bear*», i: Utstillingkatalog. *Mark Dion.
    Microcosmographia*, South London Gallery et al 2005–06, 18f.

30. Bieder 2005, 65.

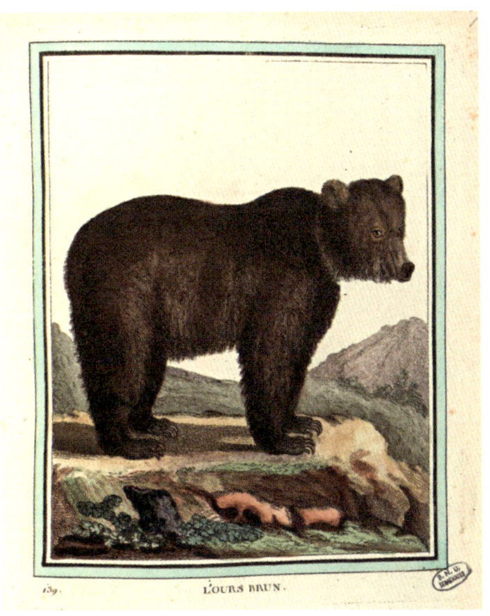

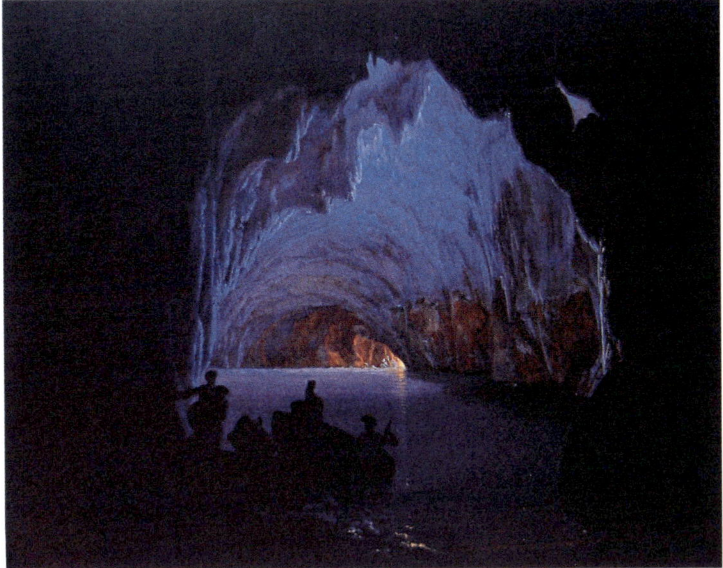

2: Georges-Louis Leclerc, Comte de Buffon: *Natural History* 36 + 1 vols.,
Paris 1749–1788/89: *The Brown Bear*
3: Heinrich Jacob Fried: *The Blue Grotto in Capri*, 1835,
oil on canvas, 50×63 cm, Kunsthalle Bremen

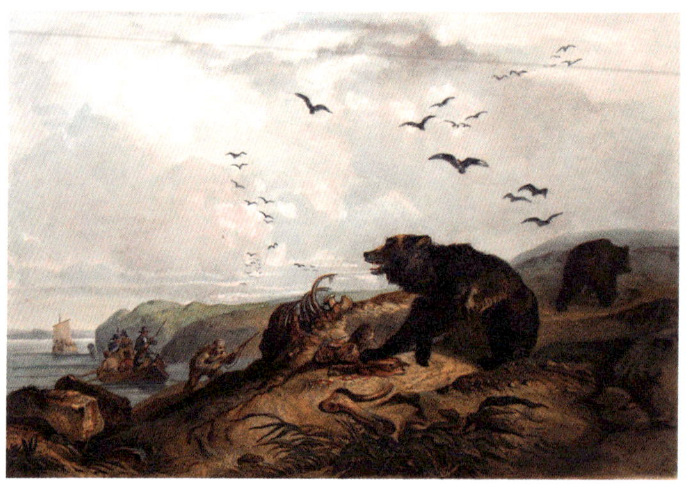

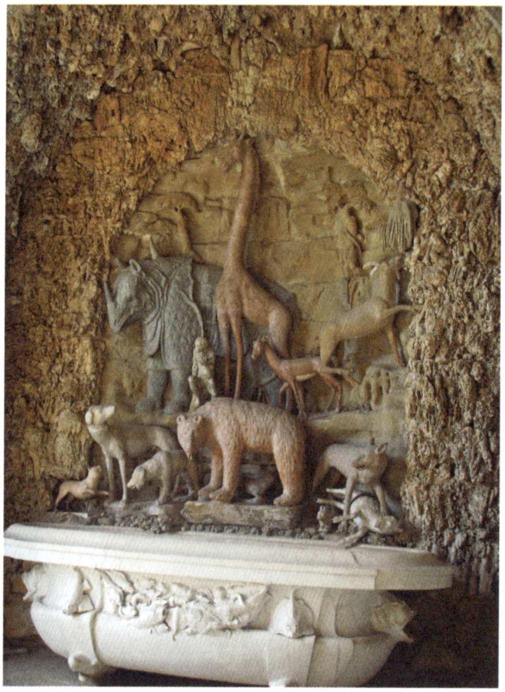

4: Karl Bodmer: *Hunting the Grizzly Bear*, 1842, lithograph, in: Maximilian,
   Prince of Wied: *Travels in the Interior of North America, Atlas*, Plate 36
5: Giambologna: *Grotto of the Animals* (left niche), 1565–72, Villa Medici, Castello

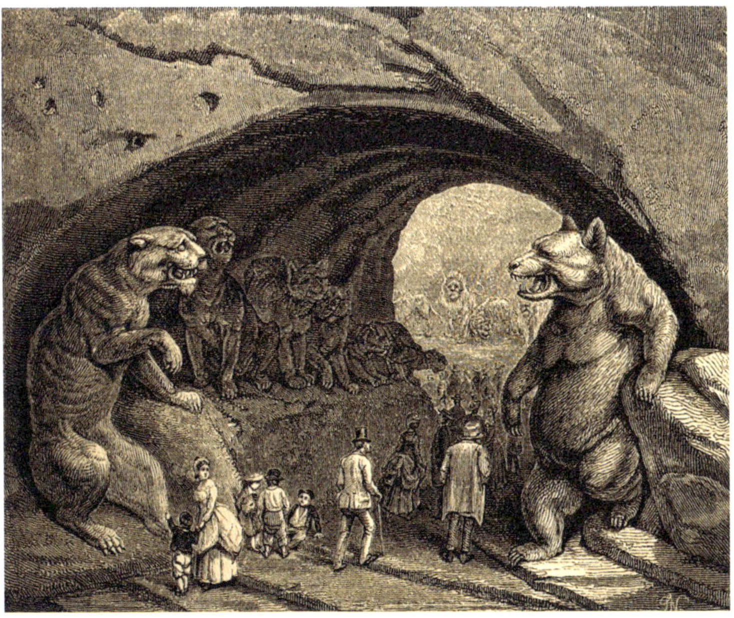

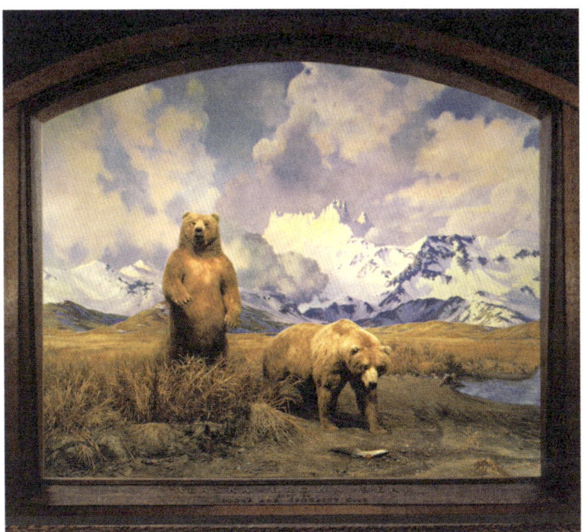

6: William Beard: *Second Entrance to the American Museum of Art, New York*, 1873,
   illustration in *Scribner's Monthly*
7: *Alaska Brown Bear Group, North American Hall*, 1941–42,
   American Museum of Natural History, New York

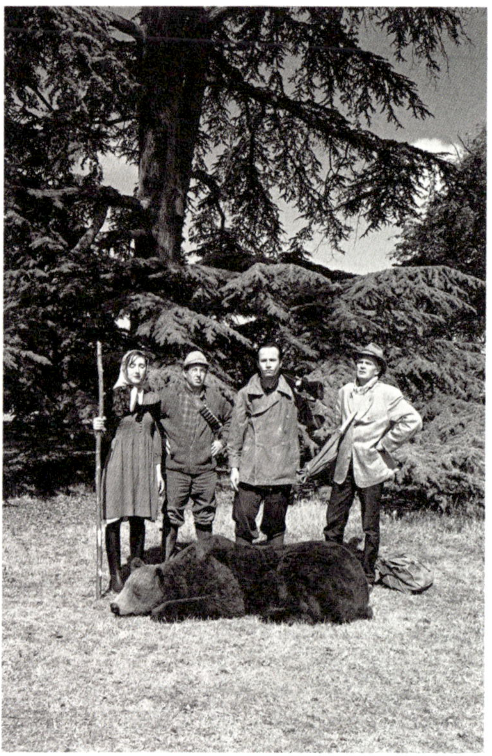

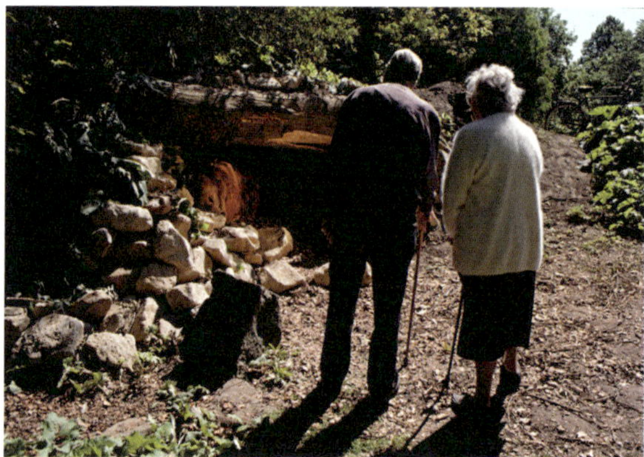

8: Mark Dion: *The Bear Hunt* (from left to right Dana Sherwood, Mark Dion,
   Guillaume Blanc and Paul Hervé Parsy), 2005, photograph
9: Mark Dion: *Grotto of the Sleeping Bear*, 1997,
   outdoor installation during Skulptur Projekte Münster

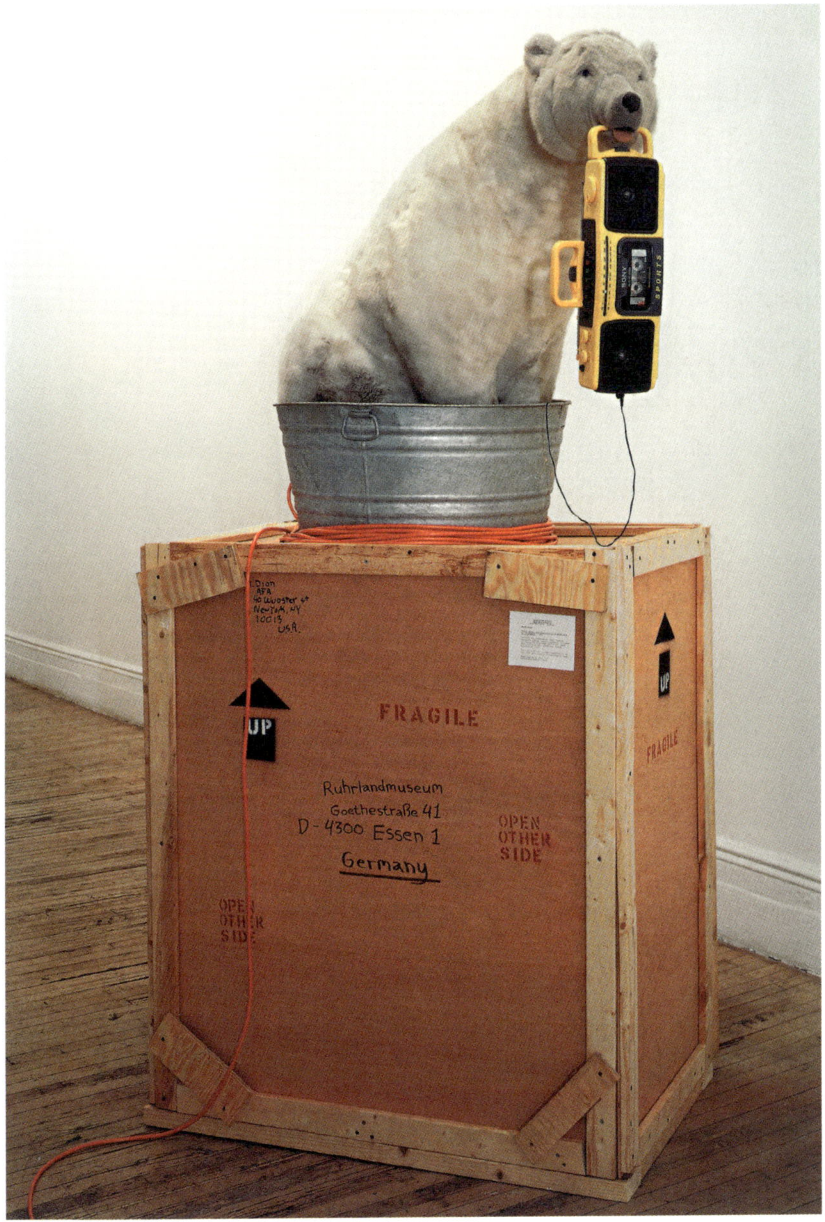

10: Mark Dion: *Polar Bears and Toucans (from Amazonas to Svalbard)*, 1991, installation with crate, washtub, tar, stuffed animal, sound from the Venezuelan Amazon region, 230×112×75 cm

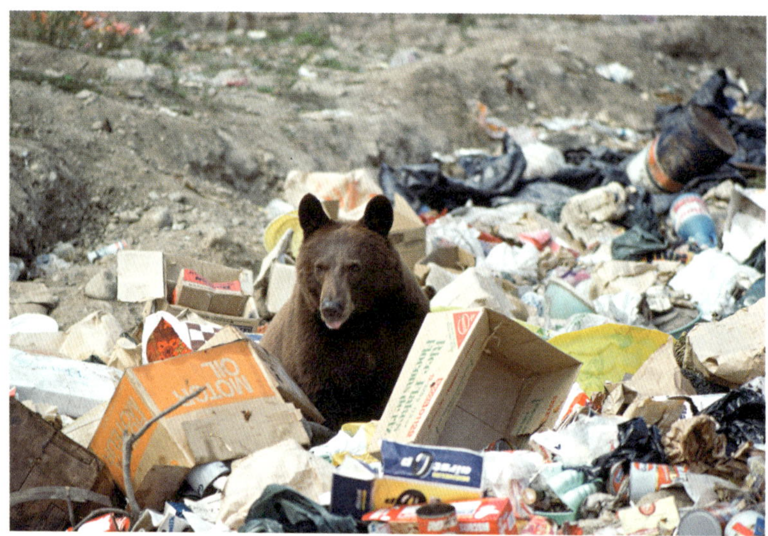

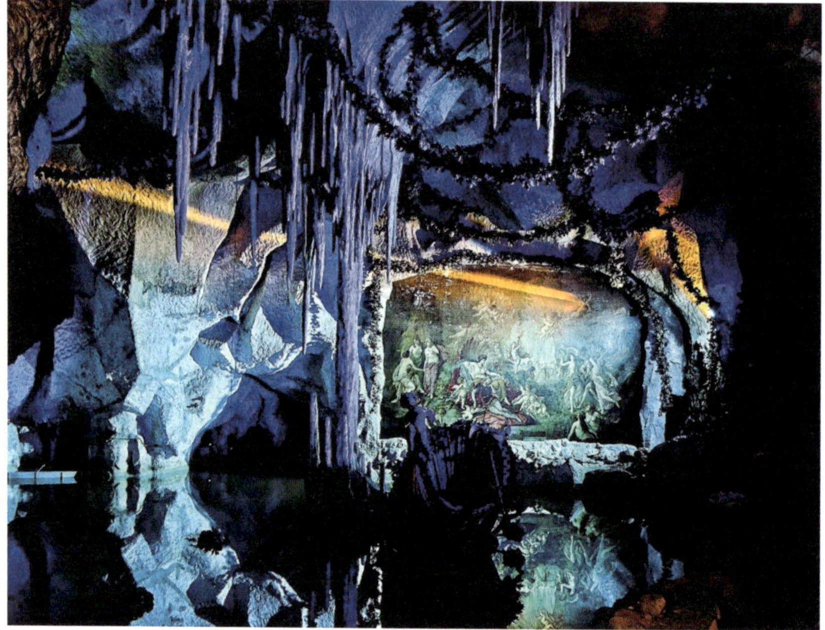

11: Sid Roberts: *American Black Bear Scavenging in Rubbish*, ca 1980, photograph © Sid Roberts / ardea.com

12: August Dirigl: *Venus Grotto* in blue lighting (*Blue Grotto of Capri*), 1876–77,
Linderhof Palace of King Ludwig II., Germany, as on view in 2010

PETRA LANGE-BERNDT

Cave Show: Mark Dion's Sleeping Bear

Bears are Mark Dion's heraldic animals, and in his art they are synonymous with notions of wilderness. This concept could remind one of the rhetoric of Romanticism, and indeed in 1825 the painter Johan Christian Dahl, a contemporary of Caspar David Friedrich and John Martin, set off to Norway in search of brown bears. A naturalistic oil study in Bergen's Billedgalleri shows one of these animals poised before the dark entrance of a cave, a shy gaze directed towards the audience (Fig. 1). But we should be warned since the cave has been a place of deception and subterfuge even before Plato's famous allegory.[1] The smaller size and fleeting brushstrokes of Dahl's canvas as well as supplemental sketches suggest a direct, outdoor encounter with the ideal of heroic nature. However, the artist could have seen brown bears in their northern habitat only decades earlier in his youth, or encountered them in menageries or in dreams: It was not until the following year that Dahl, who by that time lived in Dresden, would embark on one of five expeditions to his native country.[2] This portrait of an *Ursus arctos* is therefore not the result of intimate studies carried out directly in the field. On the contrary, the animal's rigid pose points to those standards established by the naturalist Comte de Buffon in his *Natural History* (1749–1789) (Fig. 2). Johan Christian Dahl's painting could above all be described as a nostalgic image of longing.

In 2011, in a way Dion retraced Dahl's journey, traveling from New York to Norway to survey the situation of brown bears today. The installation that resulted from these investigations, *Den*, near the hamlet of Lærdal, is part of the country's National Tourist Routes, a program set to revive old roads that – in Romantic tradition – leads travelers to spectacular sites of natural beauty. For quite some time now, Dion has undertaken expeditions to tropical rainforests and polar regions – he also is an amateur naturalist and frequently collaborates with specialists from various disciplines. And yet, for him, there is no way back to nature. The primary aim of Dion's investigative travels leads to adventures within the cultural institutions dictating how concepts of flora and fauna have manifested themselves in society: princely curiosity cabinets, bourgeois natural-history museums, zoos and botanical gardens. Employing site-sensitive interventions and installations, Dion immerses himself in these collections, in their histories and clusters of objects, to articulate and comment upon the dominant ideologies and grand narratives of the natural sciences. In Lærdal, we therefore will not be stopping at the mouth of the cave; here one is embarking on a journey to the bowels of the earth. But in the dim light of a bluish, shimmering grotto with its stalactites and stalagmites, visitors are not overwhelmed by quasi-religious or sublime feelings as for example described in the travelogues of nineteenth century tourists to the Blue Grotto in Capri (Fig. 3). Instead we are confronted with the politics of the day: caves are rich in archeological sediment and are considered arsenals of human cultural heritage; accordingly, the model of a full-grown bear that we meet here is hibernating on a giant heap of civilizational waste. *Den* can be described along the lines of Louis Aragon's "sanctuary of the ephemeral",[3] or more precisely, as an ecologically motivated memorial. Though the prehistoric cave bear died out naturally during the Pleistocene, his descendants indicate extinction accelerated or caused by humans (Fig. 4).[4] Besides climate change and pollution, Norway's oil production industry has drastically reduced the natural habitat, and salmon – a primary food source – is being threatened by an aggressive parasite spread by fish farms. Altogether, only a few hundred brown bears exist in Central and Western Europe today.[5] And so the question remains: now deprived of its habitat, what could this animal be dreaming about in the protective shelter of this cave?

It is no coincidence that Dion has situated his narrative in an artificial grotto, as these caverns have a long history as spaces of reflection and simulation. Grottoes were considered as models of the universe or at least as the essence of the surrounding princely garden.[6] In Pratolino or Boboli, for example, setting up artificial natural grottoes out of materials such as tufa or pumice was part of the regular program. Next to vending machines and trick fountains, animals or ornamental clams, corals and snail shells were considered an integral part of the architecture (Fig. 5).[7] *Den* finds a particular resonance in the time between the Enlightenment and Romanticism and the cultivated Arcadia of landscape gardens. These grottoes provided underground (or what was imagined to be underground) counterspaces, an escape into fairytale worlds or times past and, with it, the opportunity to avoid the outside reality and constraints of society.[8] It was not the passage into the light, a way out of the cave, but the journey to the center of the earth that held the promise to facilitate relaxation and enable meditative access to higher truths.[9] From this perspective, Dion's bear looks like a recluse reminiscing of better days. And yet the cave dreams of the eighteenth and nineteenth centuries were brief and above all unfulfilled, and as such, they only resulted in melancholy and escapism.

Den in fact refers to a different aspect of the artificial grotto. As a domicile of muses, these garden decorations have long been used as alternative exhibition venues for minerals or sculptures. In 1873, the animal painter William Beard popularized this tradition for a planned American Museum of Art in New York, where an underground cave construction would lead from Central Park to the exhibition area, providing a second entrance to the space (Fig. 6).[10] Much in the spirit of an evolution of the arts, visitors were to pass by gigantic sculptures of dinosaurs or living animals such as bears before finally making their way up to humankind and its cultural achievements. Yet Dion is no museum founder in the spirit of enlightenment thinking; instead it is precisely this sub-history of exhibition practices that interests him. As shown by his *Book of Grottoes*, a collection of postcards from around the world, a specific subterranean curatorial practice has long since emerged in modern and contemporary touristy stalactite caves.[11] As Dion's media archeology shows, in the twilight of petrified formlessness, the darkness of the cave becomes a projection screen for the imagination.[12] Suddenly we find ourselves in wonderlands with Fairyland Caverns, Ghost Chambers, Hanging Gardens, Frozen Fountains, Halls of Dreams and Mirror Lakes. These attractions are often bathed in phosphorescent green and shades of blue or any color of the rainbow and – as if that were not enough – psychedelic light shows accompanied by organ music. Unlike Plato's allegory of the cave, these high camp locales speak to every sense of their visitors as they grope by the thousands along the slippery walls, inhaling the millennia-old mildew. From this perspective *Den* is more of a sideshow than a residence of the gods, a haunted house-like Cave of Bad Taste.[13] And so it seems all the more appropriate that, rather than high culture, two varieties of sub-sculpture should manifest themselves there – garbage and the hyper-realistic body of an animal.[14]

The historical grottoes sometimes contained bodily replicas such as wax figures – and Mark Dion's sleeping bear in *Den* is reminiscent of Madame Tussaud's famous *Sleeping Beauty* – but *Den* also recalls the habitats found in the dioramas of natural-history museums, which have been showcasing the wilderness biotopes and groups of taxidermied animals in action since the late nineteenth century (Fig. 7). This display, which originated in the United States and Sweden, signaled the reorganization of collections in terms of evolutionary thought. Habitat dioramas materialized complex ecosystems and at the same time mark the period in which the exploitation of natural resources entered a critical phase.[15] The art of taxidermy, the conservation and installation of hides in life-like poses, is closely tied to the colonial interests in expedition and the reordering of the world. By presenting mounted animals frozen in mid-motion, these newly established institutions promised contact with what was understood to be an original, paradisiacal nature. As the philosopher and historian of science Donna Haraway put it: "Once domination is complete, conservation is urgent."[16] A narrative of colonial superiority continues to some degree to this day, fetishizing the supposedly lost objects of a primitive wilderness.[17] Even when Dion ironically presents himself as a hunter, for instance in the photograph *The Bear Hunt* (2005),[18] all of his installations featuring bear specimens – such as *Ursus maritimus* (1991), *Grotto of the Sleeping Bear* (1997) or *Dundee Bear Broch* (2005) – reflect on the colonial expeditions of traveling naturalists as well as the condition of their hunted trophies (Fig. 8, 9). On his own research trips around the globe, the artist was primarily interested in distant observations of live animals. He is therefore aware of the fact that bears are as tricky as their dwelling places, evading perception by covering their tracks at the mouth of their caves.[19] Even if the sciences of the nineteenth century promoted it as such, what the animal specimens deliver is not a direct encounter with nature or the creatures' objective representation. Rather, taxidermied animals are very skill-fully and laboriously crafted things. These objects of knowledge are not "objects or reality per se, but (...) epistemic targets (...) unstable concatenations of marks and representations", the cultural meanings of which remain in constant flux.[20] Additionally, the brown bear has always been an animal onto which people have projected their fears, hopes and prejudices.[21] Where this animal appears compar-atively neutral with Johan Christian Dahl, specimens in natural-history museums generally fall into two dominant categories. Older displays portray the bear as an aggressive animal, while later habitat dioramas show it as a creature worthy of pro-tection, reliant on human aid.[22] But the meanings and power relations historically associated with taxidermy are not fixed:[23] The brown bear in *Den* assumes none of these poses. Instead he ignores his human audience and has retired to hibernation.

Mark Dion's art is one of ecological sensibility; therefore his underground cave does not intervene with the surrounding landscape and its fragile moss plants. And upon closer inspection it becomes clear that, despite all hyper-realism, this artist avoids auratic relics and souvenirs. The bears in Dion's work were not shot and hunted in the wilderness. What the audience encounters are postmodern ani-mal bodies either recreated by contracted taxidermists from livestock animal hides, or – like in *Den* – made entirely of synthetic fur.[24] Unlike the spoils of the habi-tat dioramas, Dion's true-to-life bear surrogates differ in that they show no clear origin and refuse the authenticity and referentiality of a successful trophy pro-duction.[25] And upon closer inspection one can find this strategy in natural-his-tory museums as well: Especially extinct or endangered animal species such as dinosaurs or the dodo are represented as models, biological sculptures that are based on petrified skeletal remains, images of all sorts as well as heavy specula-tion. Yet Dion replaces the authority of the official institutions, which present spe-cial effects as objective facts, with critical reflection. His colossal teddy bears are not stand-ins for direct encounters, but rather for the desire to control nature, to market and adapt it to meet human needs. Like the elusive white whale chased by Captain Ahab in the novel *Moby Dick*, these bear installations are reifications of collective fantasies. And the synthetic stuffed animals that appear in other works such as *Polar Bears and Toucans (From Amazonas to Svalbard)* (1991) remind us that even though living bears have disappeared from the everyday lives of urban populations, they stay all the more alive in popular imagery and material culture (Fig. 10). In this context, the animal has no choice but to remain ensnared in anthropological contexts.[26] And for this reason, we should maybe not focus on our cute substitutes for too long. As the artist has shown in other works, in the end it is the less photogenic life forms such as insects, microbes or bacteria that play a much bigger role in the ecological equilibrium and the diversity of species.

The position Mark Dion assumes is not one that views nature as an immutable category or a paradisiacal status quo to be preserved. Instead, *Den* demonstrates the inextricable ties between human and animal life; the bear model is an occasion to rethink our own identity as well as the relationship between the human animal and other creatures, plants or landscapes. But in the end, by walking into this "diorama of a diorama"[27] – one that does not play the notion of a timeless Arcadia against urban ecosystems – we have fallen into the artist's trap: traditionally, visitors to grottoes are met with their own inner selves.[28] Now part of this animal's foraging and habitat, the pile of junk is at the same time a reference to our urban caves of tunnels, catacombs, sewers, subway shafts and depots (Fig. 11). Looking at this element of the installation, the seemingly clear stratification of time layers collapses into a chaotic rubbish heap of history; one finds objects pointing from the Neolithic Age to the present day, the majority of which were collected at flea markets – books such as Lewis Carroll's *Alice in Wonderland*, clothing, luggage, toys, containers, horror movies on VHS or defective technical equipment so copious that to list them all would be impossible. This way, the wild assemblage of things that Dion's archeology unearths prevents the petrifaction that would normally take hold in a stalactite cave. For garbage presents an entropic breakdown, refuse passing slowly into an undifferentiated jumble of clutter. And it is important to note that waste exists only in the plural. This *Ursus subterraneus* is therefore no monadic hermit, because this pile of garbage stands for a sticky materiality, for an ecosystem of things where all elements are entangled in a complex network. In this sense, *Den* also stands in dialogue with the surrounding landscape and its history. It was during Romanticism that precursors to ecological thought began to emerge in Europe. These notions of nature, however, came hand-in-hand with a resurgent national consciousness from which artists such as Dahl were not immune; and still in the time of German National Socialism, numerous government organizations offered trips to the Norwegian fjords to reacquaint so-called Aryans with the supposed roots of their Nordic "nature". Nevertheless, taxidermy, trash and fake grottoes – the stuff of B-movies and subculture – are poorly suited to blood and soil ideologies. *Den* is a taste of Coney Island and Las Vegas rolled into one, an invasion of hybrid and impure things into the supposedly heroic wilderness of Norway: Not the blue flower of the Romantics, but the extravagant artificial Blue Grotto of the Bavarian King Ludwig II, beheld through the blue pill of psychedelic culture (Fig. 12).

Ultimately, this passage through a grotto – a transitional space – holds the potential for a tangible utopia, the spiritual process of conversion and renewal. *Den* stands for the hope of stimulating visitors' awareness of ecological questions, or as Mark Dion puts it: "Regardless of how diminished and frail our picture of nature has become, floods, droughts, earthquakes, and climatic changes continually remind us of the power and complexity of the environment and our inability to control or predict it."[29] Bears are viewed as a flagship species – if they go extinct, then other plants and animals will follow. Should this bear decease in hibernation, then *Den* could also become a mausoleum. But Norse myths have always been optimistic, because here these animals possess remarkable magical abilities. They can change form or even rise from the dead.[30] The answer to the question as to whether the brown bear population will grow again, whether they survive living in zoos and reserves, stuffed in natural history museums or only in our memories – is up to us.

1.   Hans Blumenberg: *Höhlenausgänge*, Frankfurt am Main 1989, 241.
2.   Dahl was born 1788 in Bergen but left Norway when he was 23 in order to move to Copenhagen and subsequently Dresden. He only traveled back to Bergen in 1926; four more expeditions were to follow, see Marie Lödrup Bang: *Johan Christian Dahl 1788-1857*, 3 vols., Oslo 1987, here vol. 1, 23 ff.
3.   Louis Aragon: *Le paysan de Paris* (1926), Paris 1972, 111.
4.   Björn Kurtén: *The Cave Bear Story. Life and Death of a Vanished Animal*, New York 1976.
5.   Robert Bieder: *Bear*, London 2005, 40.
6.   Naomi Miller: *Heavenly Caves. Reflections on the Garden Grotto*, Boston et al 1982, 7 ff.
7.   Claudia Lazzaro: "Animals as Cultural Signs: A Medici Menagerie in the Grotto at Castello", in: Claire Farago (ed.): *Reframing the Renaissance. Visual Culture in Europe and Latin America, 1450–1650*, New Haven 1995, 331–333.
8.   Fritz Emslander: "Gegenräume: Passagen durch europäische Gartengrotten", in: Exh. cat. *Park. Zucht und Wildwuchs in der Kunst*, Staatliche Kunsthalle Baden-Baden 2005, 45–59; idem: *Unter klassischem Boden. Bilder von Italiens Grotten im 18. Jahrhundert*, Berlin 2007.

9. Blumenberg 1989, 508 ff.
10. See J. R. G. Hassard: "An American Museum of Art. The Designs Submitted by W.M.H.
    Beard", in: *Scribner's Monthly, an Illustrated Magazine for the People*, vol. 2, no. 4 (August 1871),
    409–415.
11. See also Thomas Demand's extensive collection in: Exh. cat. *Processo grottesco*, Fondazione
    Giorgio Cini (Fondazione Prada) 2007.
12. For a criticism on Plato see Mark A. Cheetham / Elizabeth D. Harvey: "Obscure Imaginings.
    Visual Culture and the Anatomy of Caves", in: *Journal of Visual Culture*, 1, 105 (2002), 105–126,
    here 106f.
13. There was a mutiny among the team that helped Dion to build the cave: Jason Dunne, Pandora
    Gastelum, Cecilia Jonsson, and Brian Wilson refused to add glitter to the blue paint; among the
    trash one can find Peter Jackson's cult film *Bad Taste* (1987).
14. See Mike Kelley: "Playing with Dead Things. On the Uncanny", in: Exh. cat. *The Uncanny*,
    Sonsbeek 93, Gemeentemuseum, Arnhem 1993, 3-27.
15. Karen Wonders: *Habitat Dioramas. Illusions of Wilderness in Museums of Natural History*, Uppsala
    1993, 148 ff.
16. Donna Haraway: "Teddy Bear Patriarchy: Taxidermy in the Garden of Eden, New York City,
    1908–36", in: *Social Text* (USA), no. 2 (1984–85), 20–64, here 28.
17. Pauline Wakeham: *Taxidermic Signs. Reconstructing Aboriginality*, Minneapolis, London 2008, 5 ff.
18. This bear was used for the installation *Dungeon of the Sleeping Bear* (2005), see exh. cat. *Mark
    Dion presents Dungeon of the Sleeping Bear, the Phantom Forest, the Birds of Guam, and Other Fables
    of Ecological Mischief*, Château d'Oiron / Atelier Calder 2005, 22f. See also exh. cat. *Mark Dion:
    Concerning Hunting*, Kunstraum Dornbirn et al 2008–10.
19. Bieder 2005, 24.
20. Hans-Jörg Rheinberger: *Toward a History of Epistemic Things. Synthesizing Proteins in the Test
    Tube*, Stanford 1997, 225f.
21. See Mark Dion's list of "Historical and contemporary vernacular use to apply to the species
    Ursus arctos", in: Exh. cat. Mark Dion présente 2005, 24, and "The Irritated Cloud. Mark Dion
    in Conversation with Lawrence Weschler", in: Exh. cat. *The Marvelous Museum. Orphans,
    Curiosities & Treasures. A Mark Dion Project*, Oakland Museum of California 2010, 19–31, here 29.
22. The polar bear in *Ursus maritimus* is accompanied by a collection of photographs showing
    taxidermied specimens in several museums in Northern America and Europe, see Mark Dion:
    Polar Bear (Ursus maritimus), Cologne, 2003; Carolyn Christov Bakargiev: "Ursus maritimus",
    in: Exh. cat. *Natural History and Other Fictions. An Exhibition by Mark Dion*, Ikon Gallery
    Birmingham et al 1997, 44–49. Additionally, Dion assembled another collection of imagery
    called *White Out*, displaying one hundred representations of the polar bear from 1750 to 1910.
23. See generally for a survey of artistic practices reflecting on taxidermy and wet specimens Petra
    Lange-Berndt: *Animal Art. Präparierte Tiere in der Kunst 1850–2000*, Munich: Silke Schreiber 2009.
24. The skin used for *Ursus maritimus* once belonged to a goat and the fur of the specimen from *The
    Grotto of the Sleeping Bear* to an alpaca.
25. See Petra Lange-Berndt: "The Demise of Trophies. A Short History of Taxidermied Animals
    in Art", in: Exh. cat. *Furniture as Trophy*, MAK, Museum for Applied Arts / Contemporary Art,
    Vienna 2009, 100–119.
26. Steve Baker: *The Postmodern Animal*, London 2000.
27. Mark Dion in conversation with the author 2011.
28. See on the subterranean forces of the cellar Gaston Bachelard: *The Poetics of Space* (1958), Boston
    1994, 17 ff.
29. Mark Dion: "Some Notes towards *Grotto of the Sleeping Bear*", in: Exh. cat. *Mark Dion.
    Microcosmographia*, South London Gallery et al 2005–06, 18f.
30. Bieder 2005, 65.

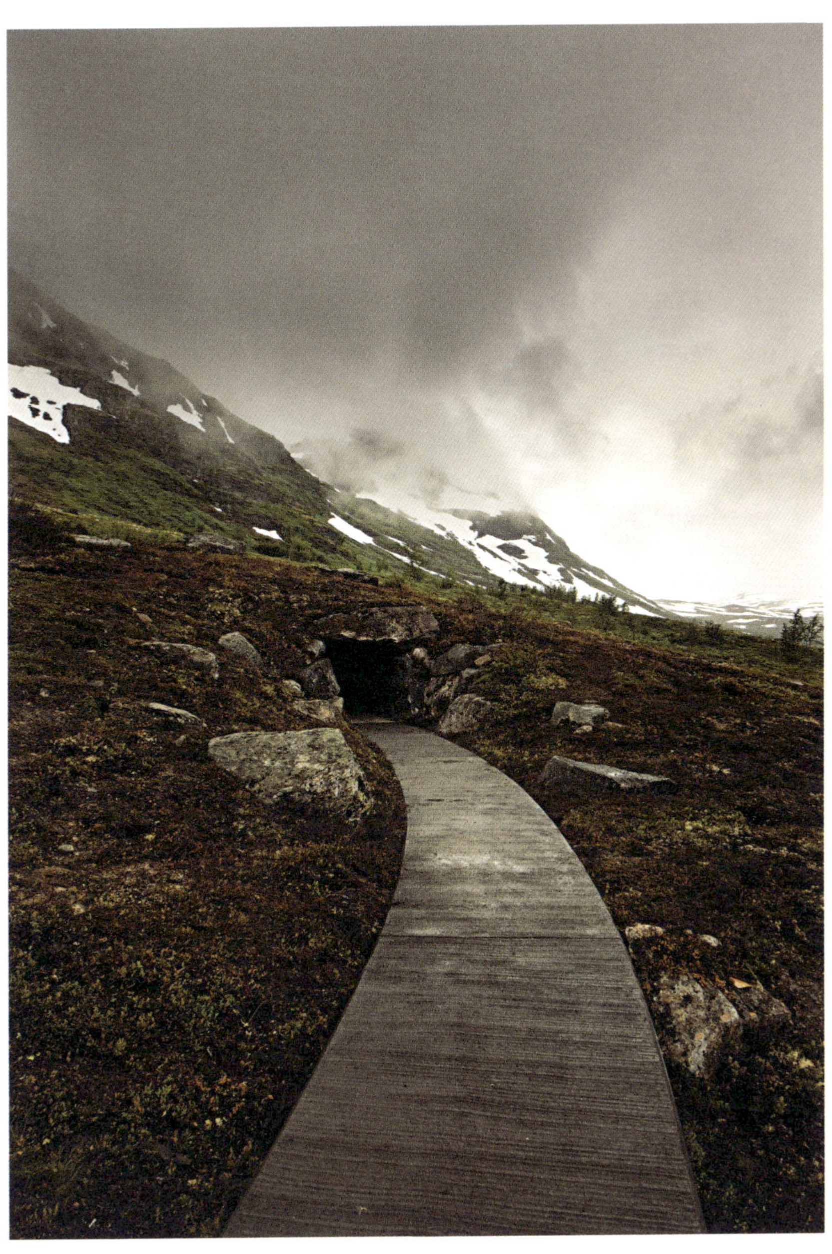

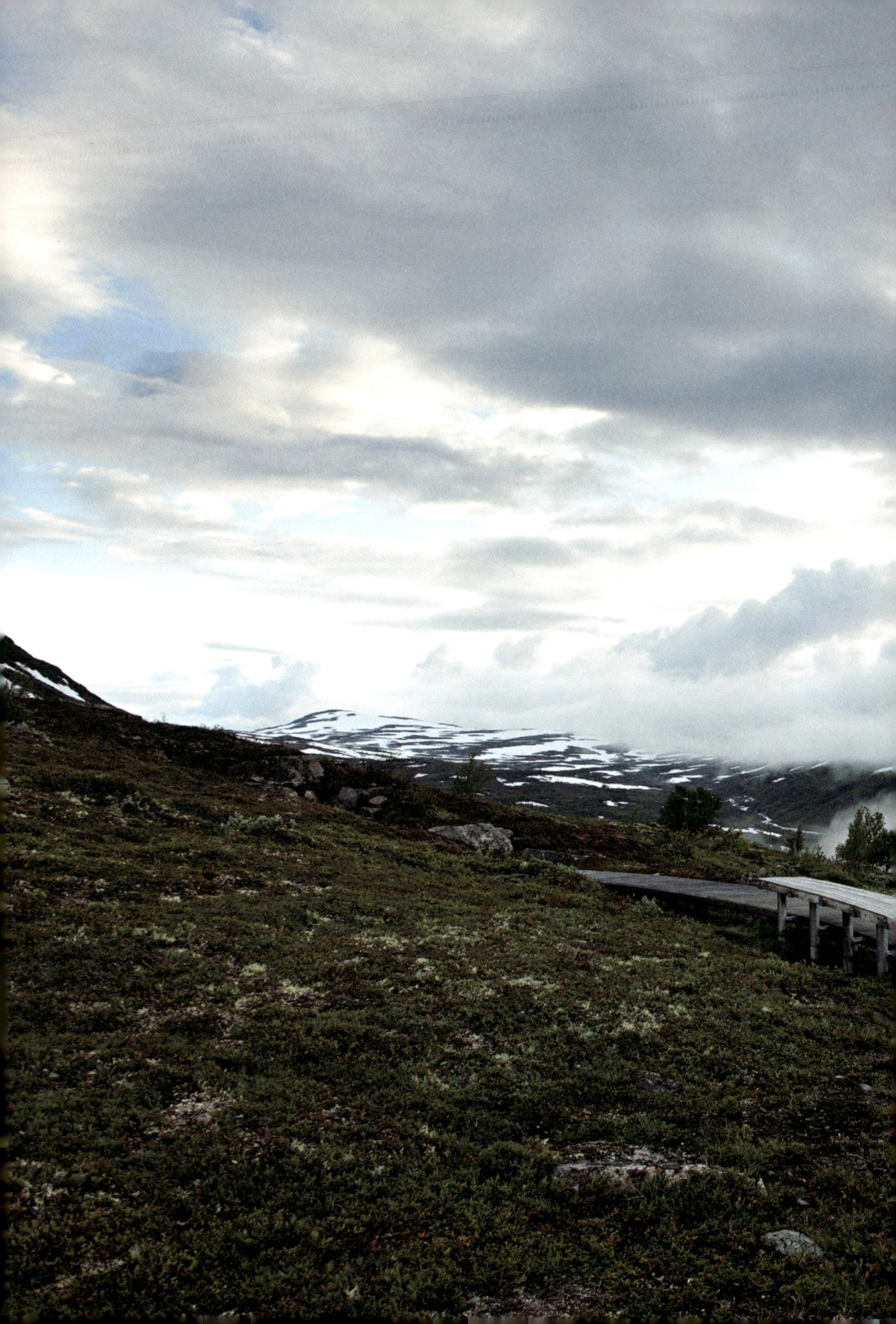

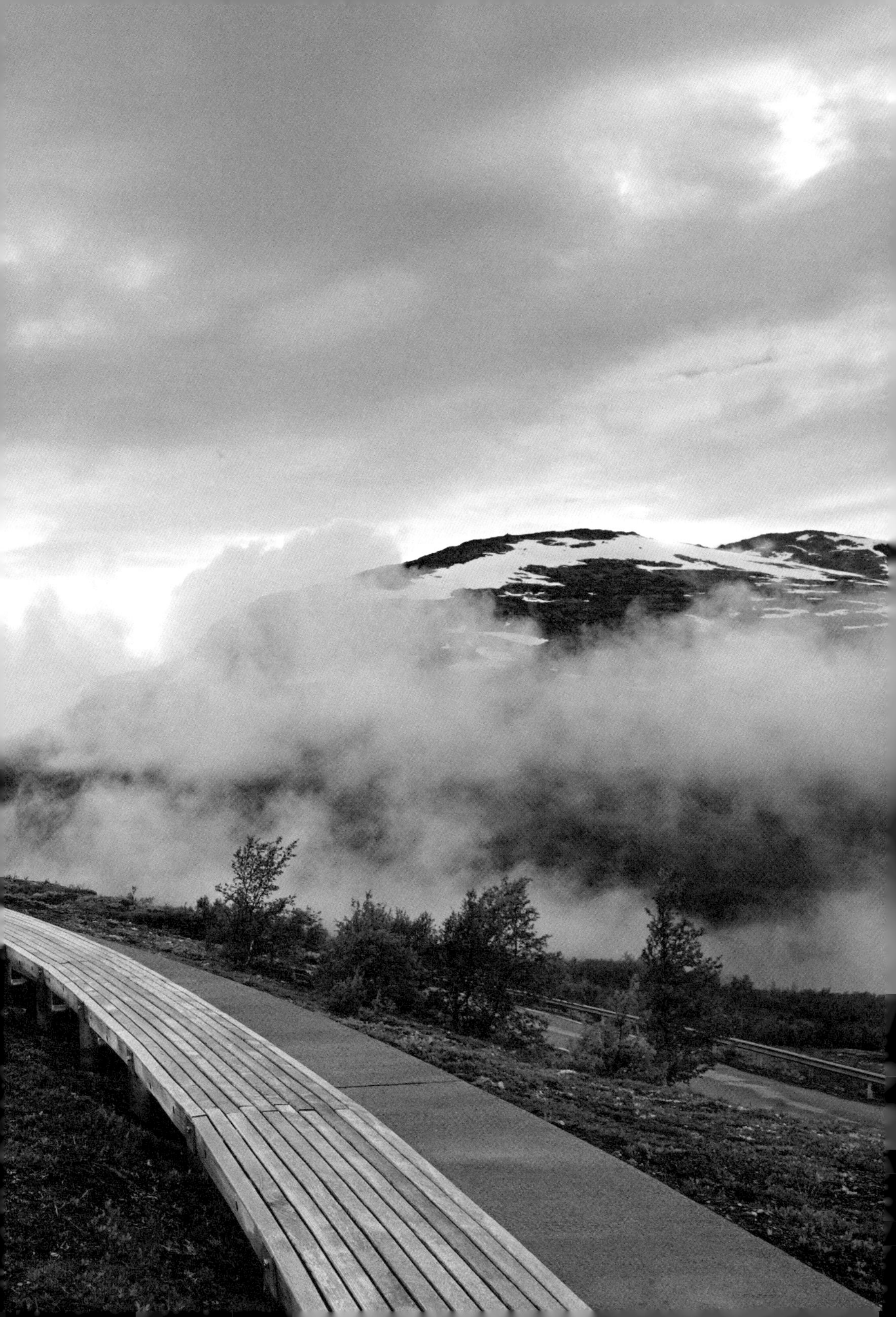

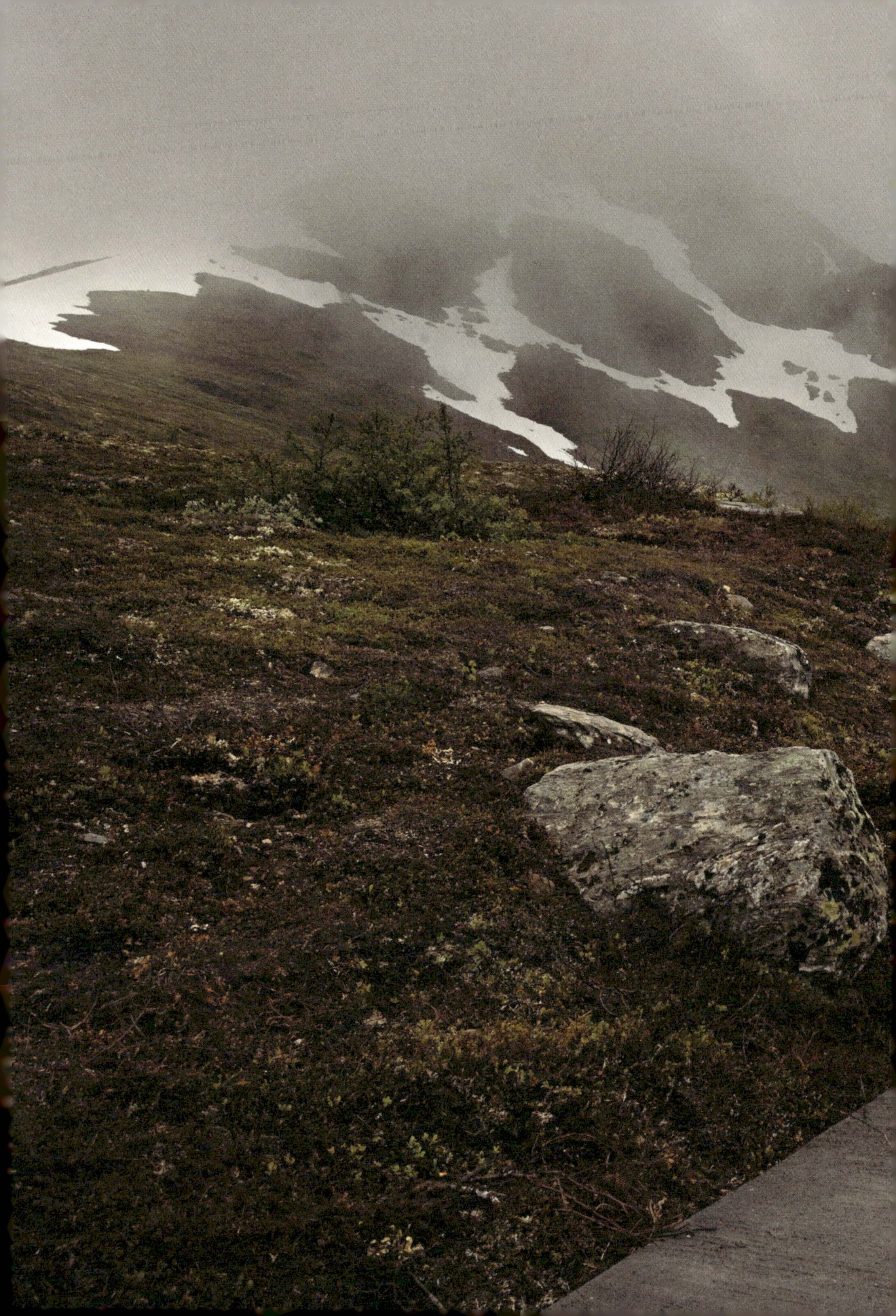

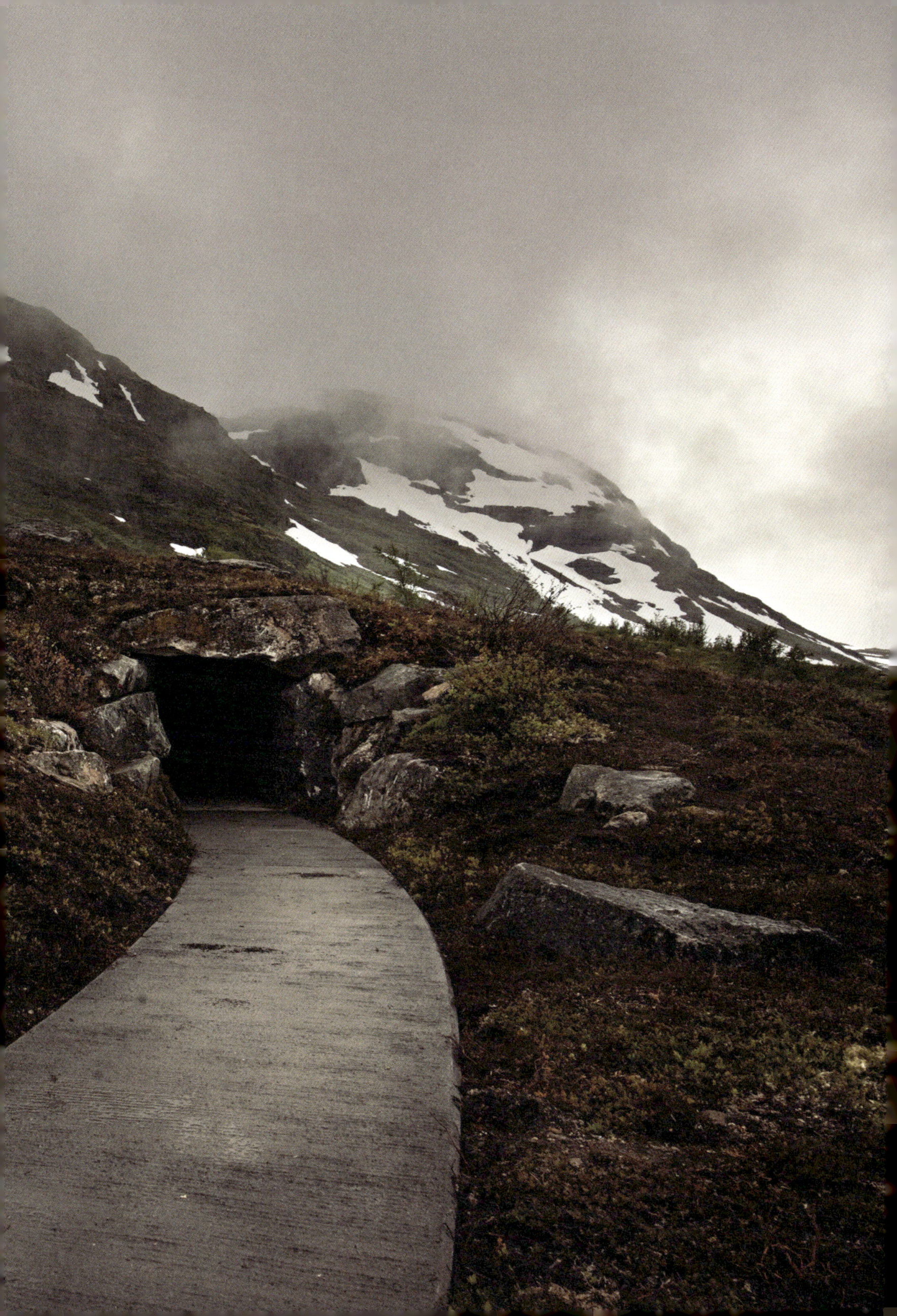

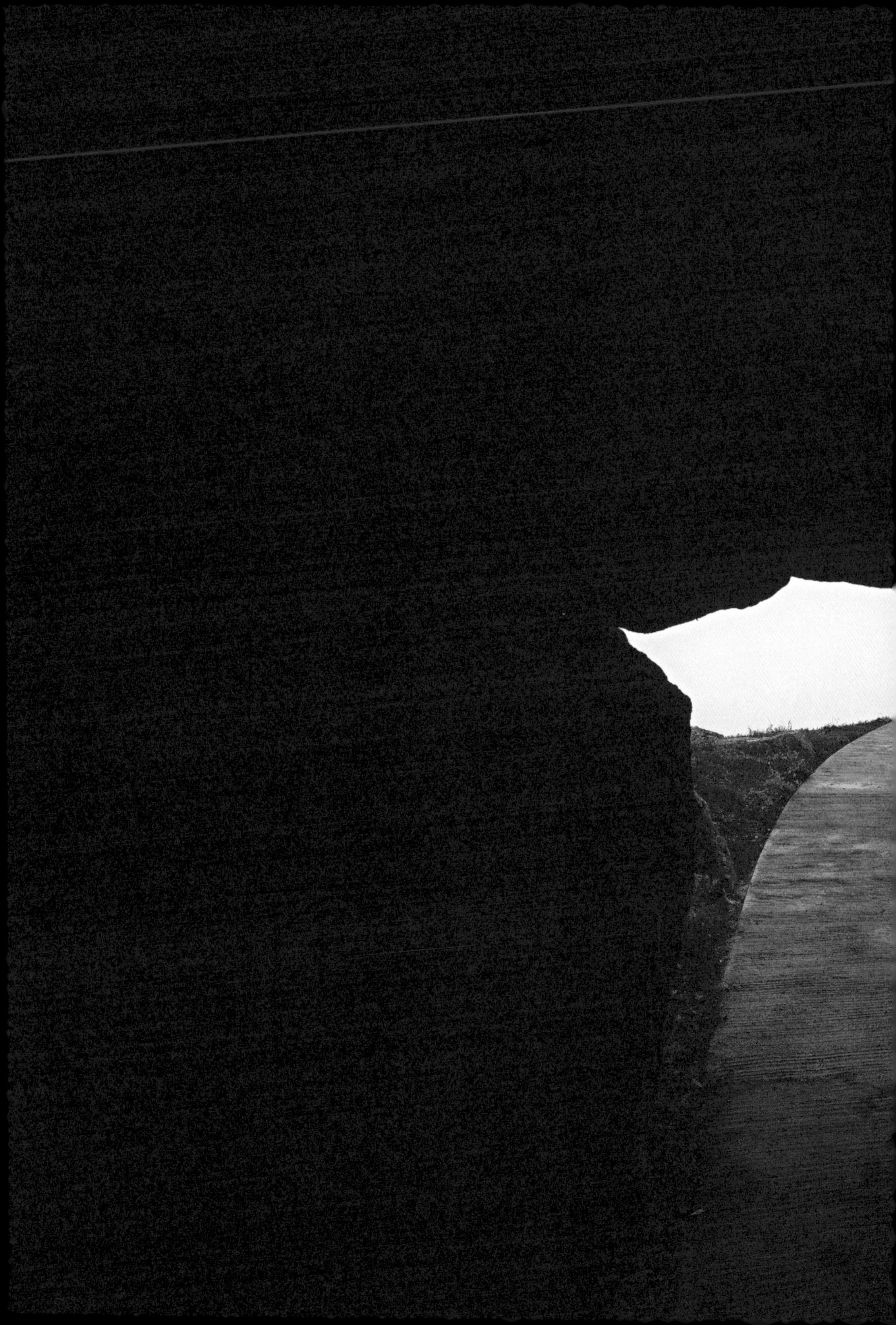

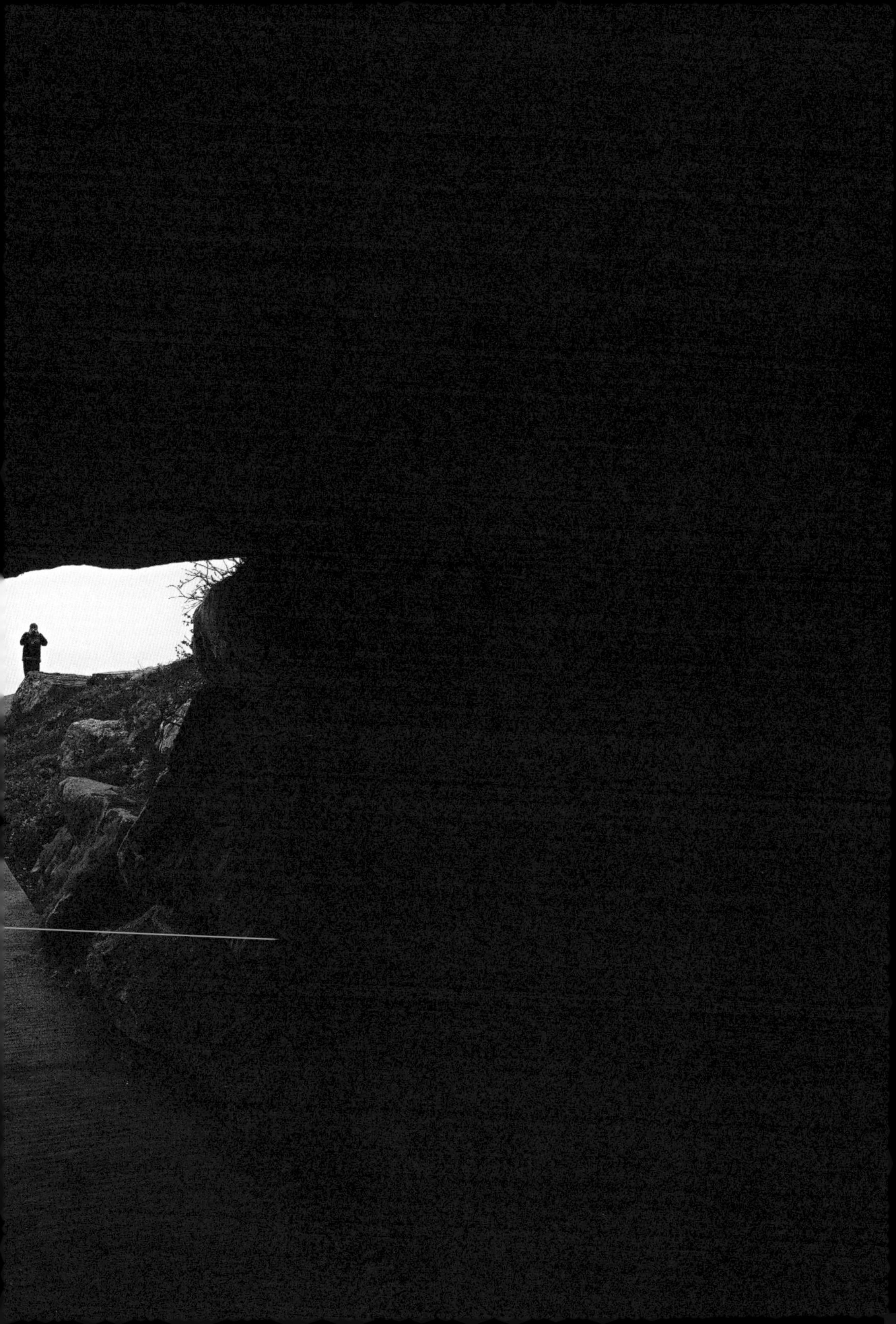

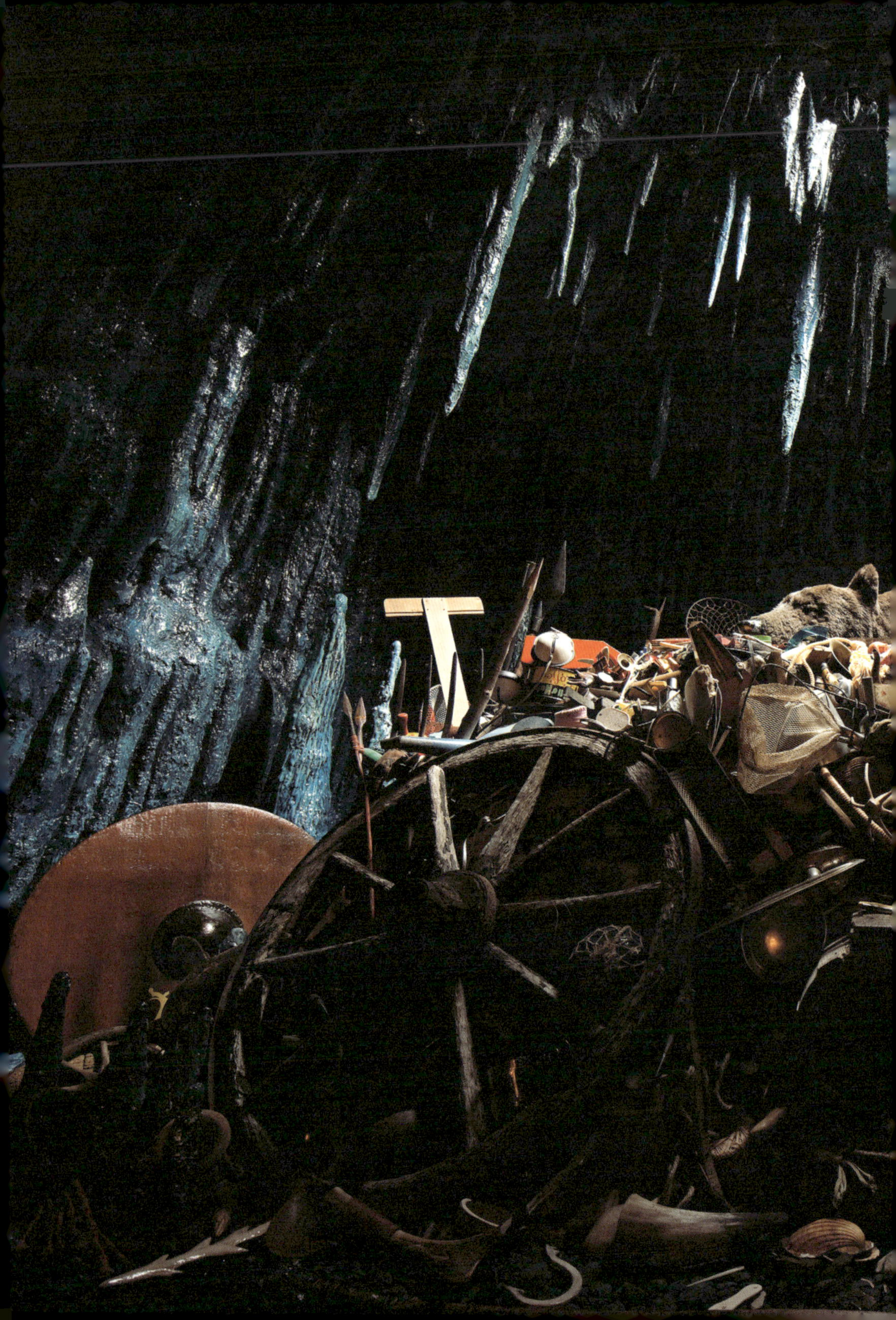

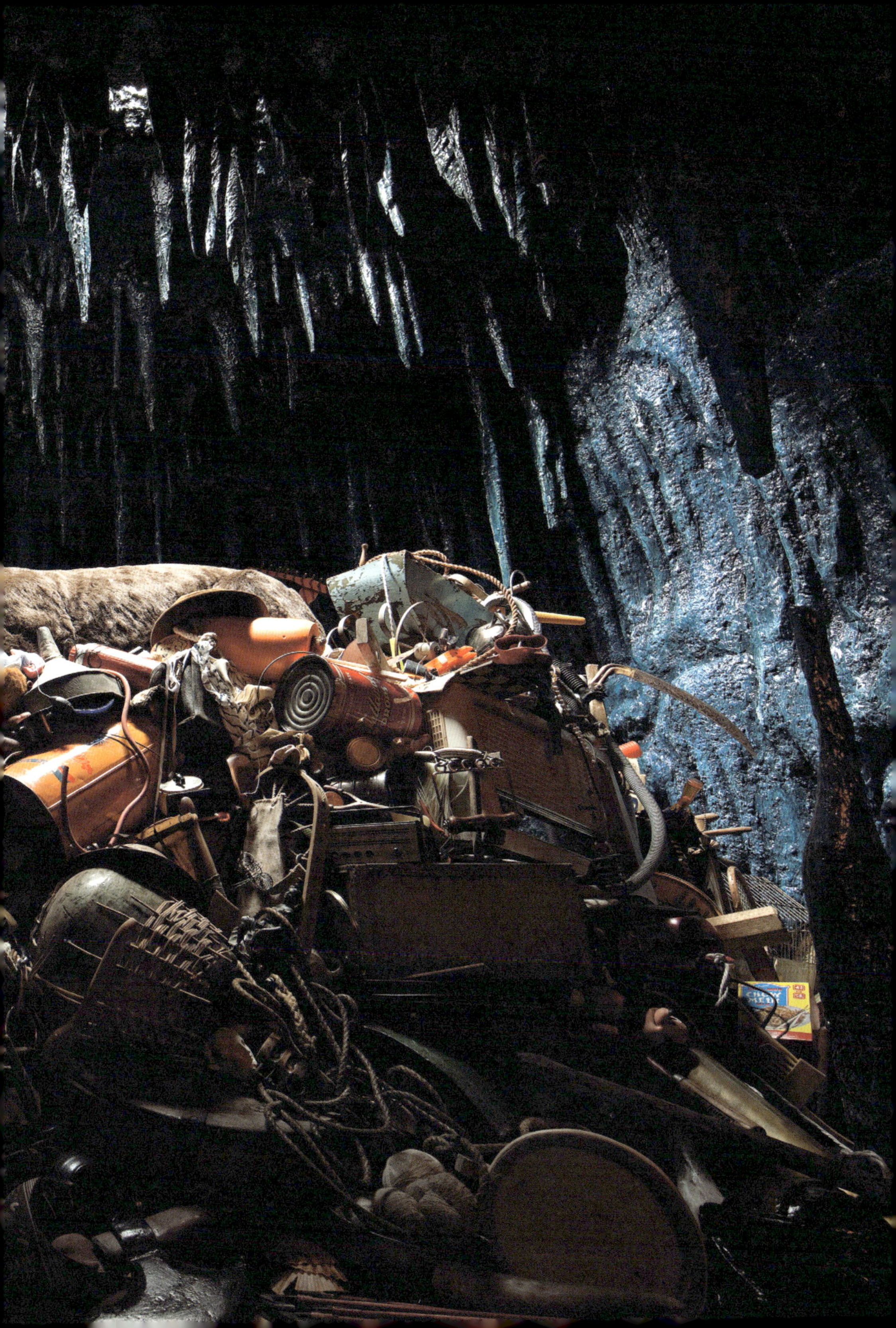

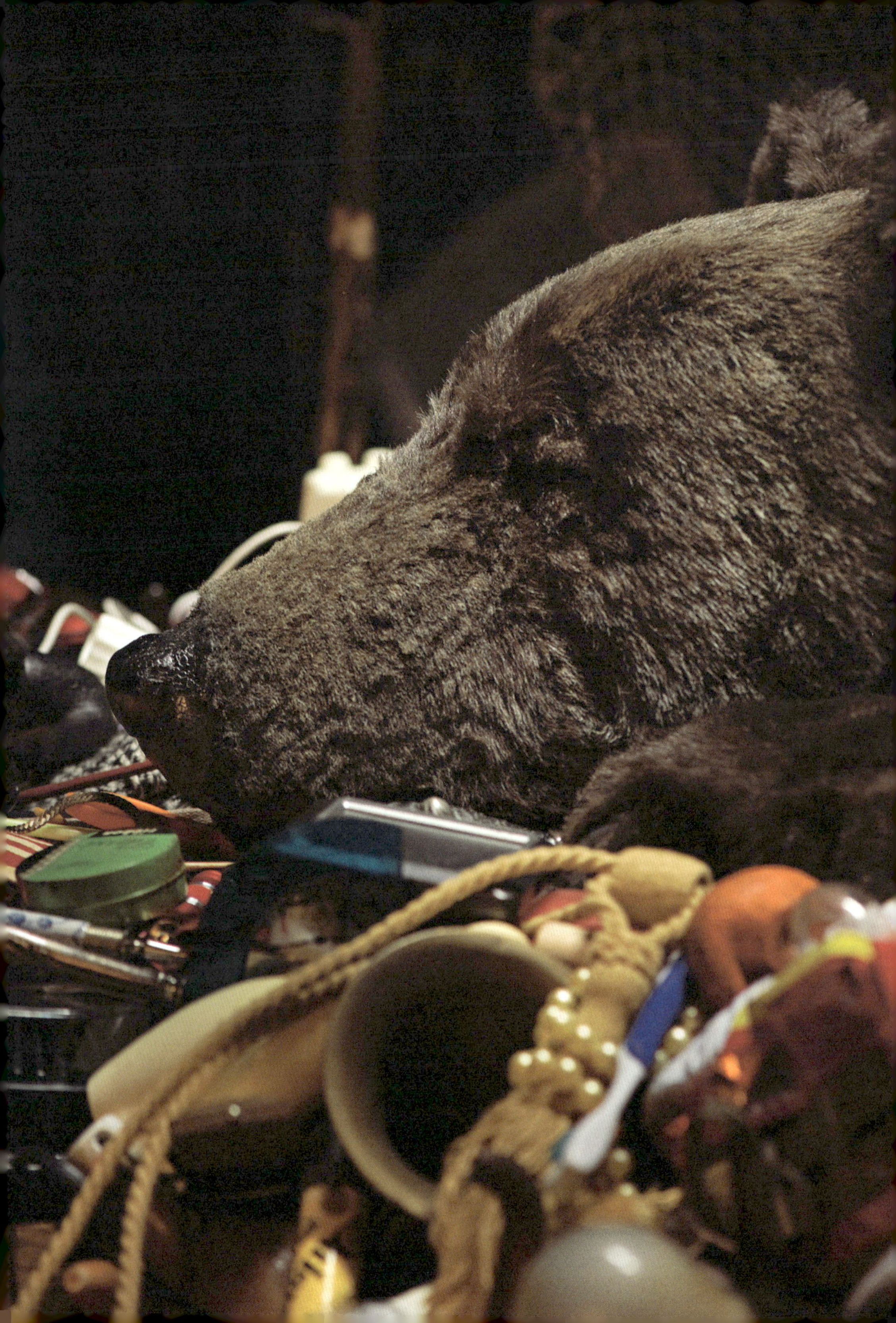

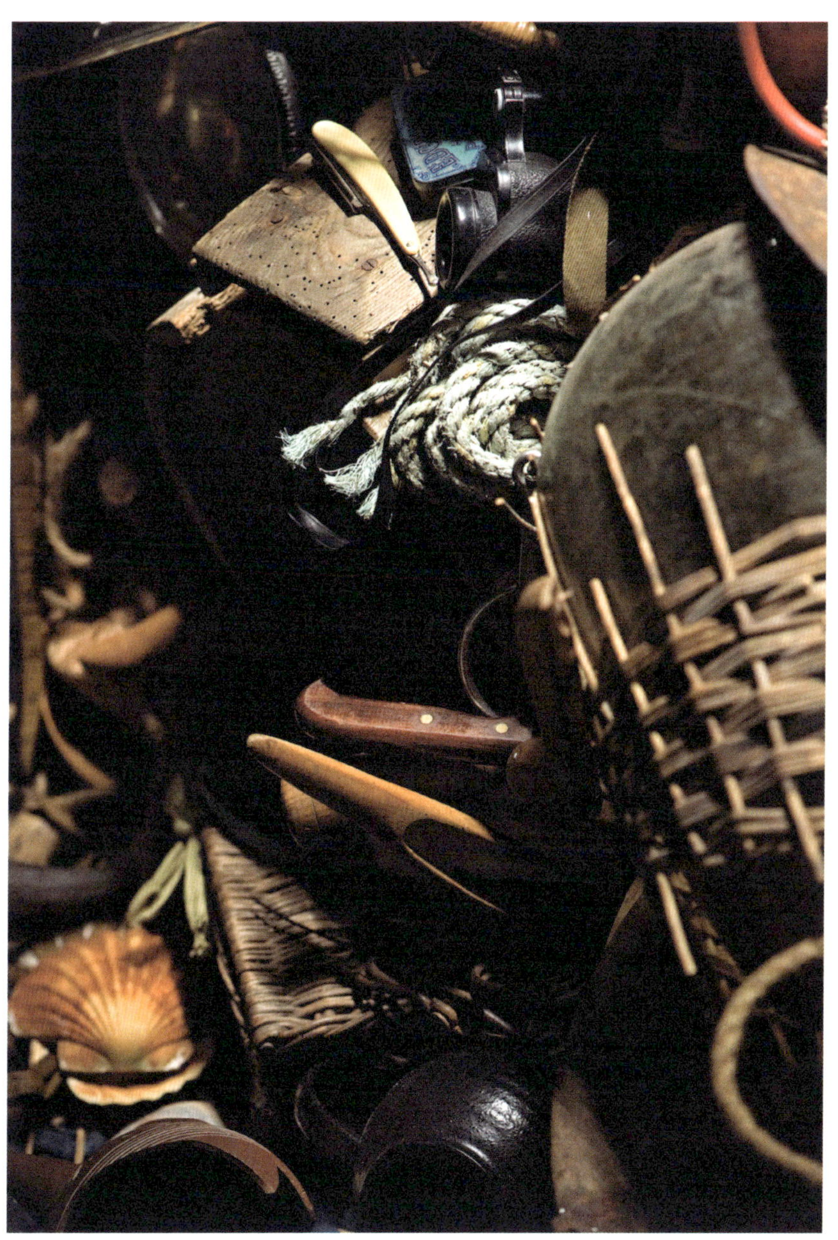

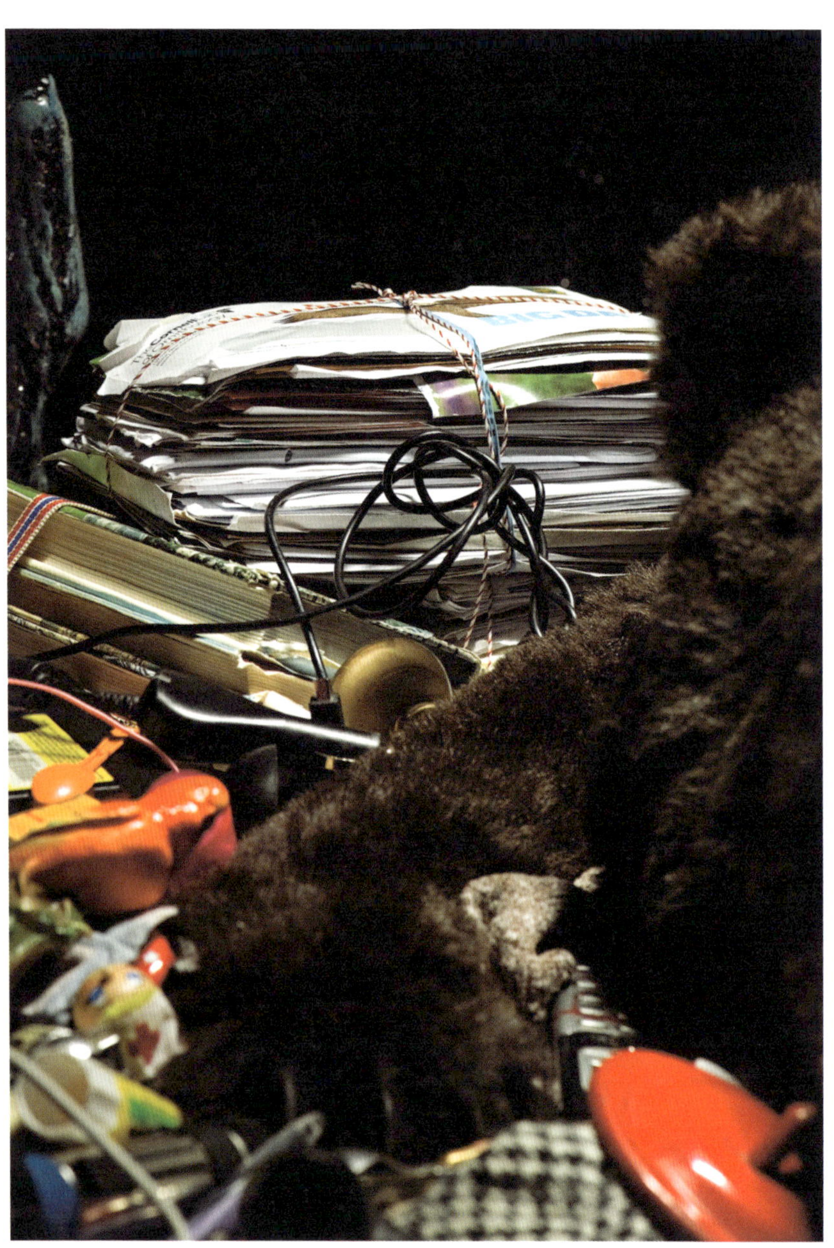

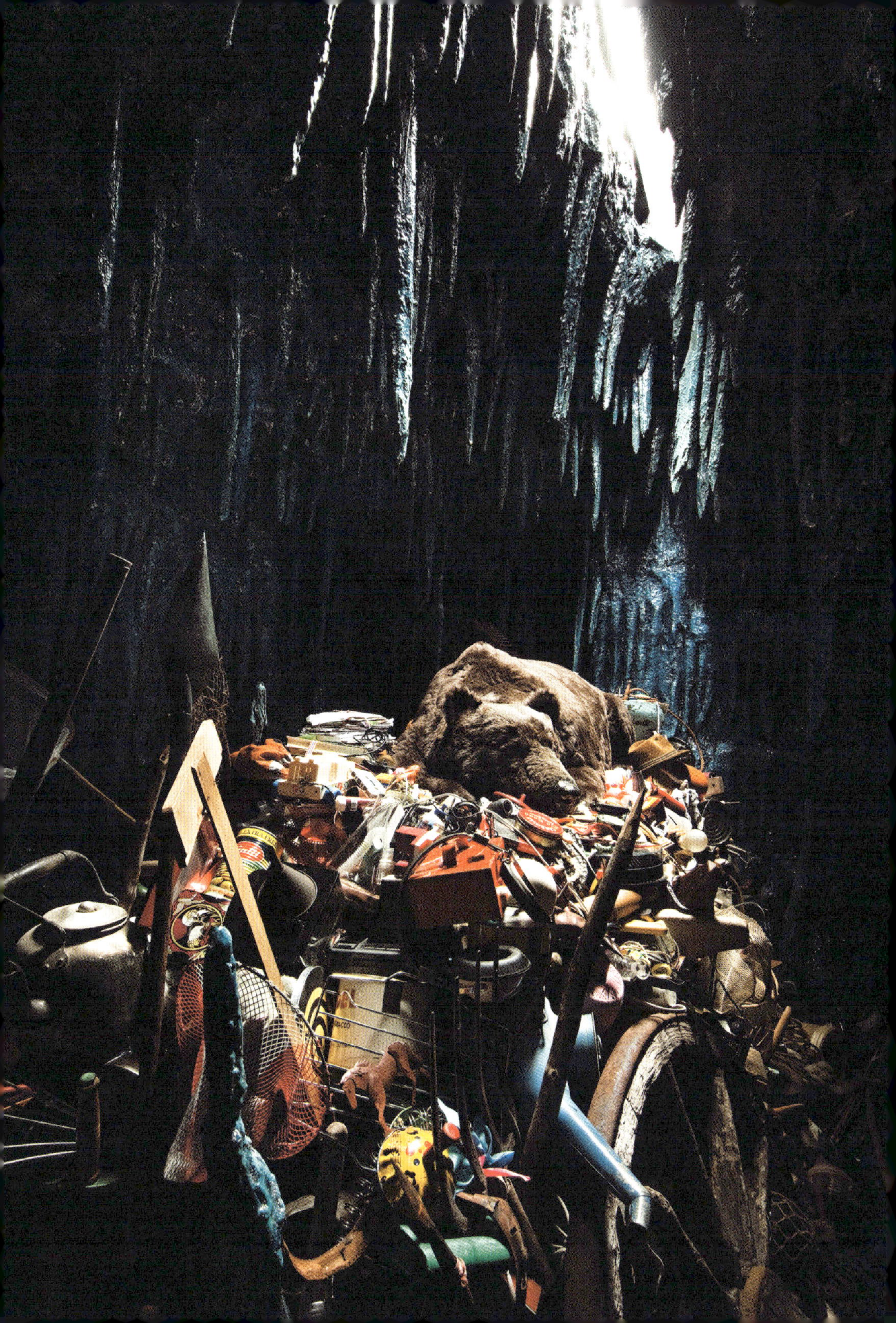

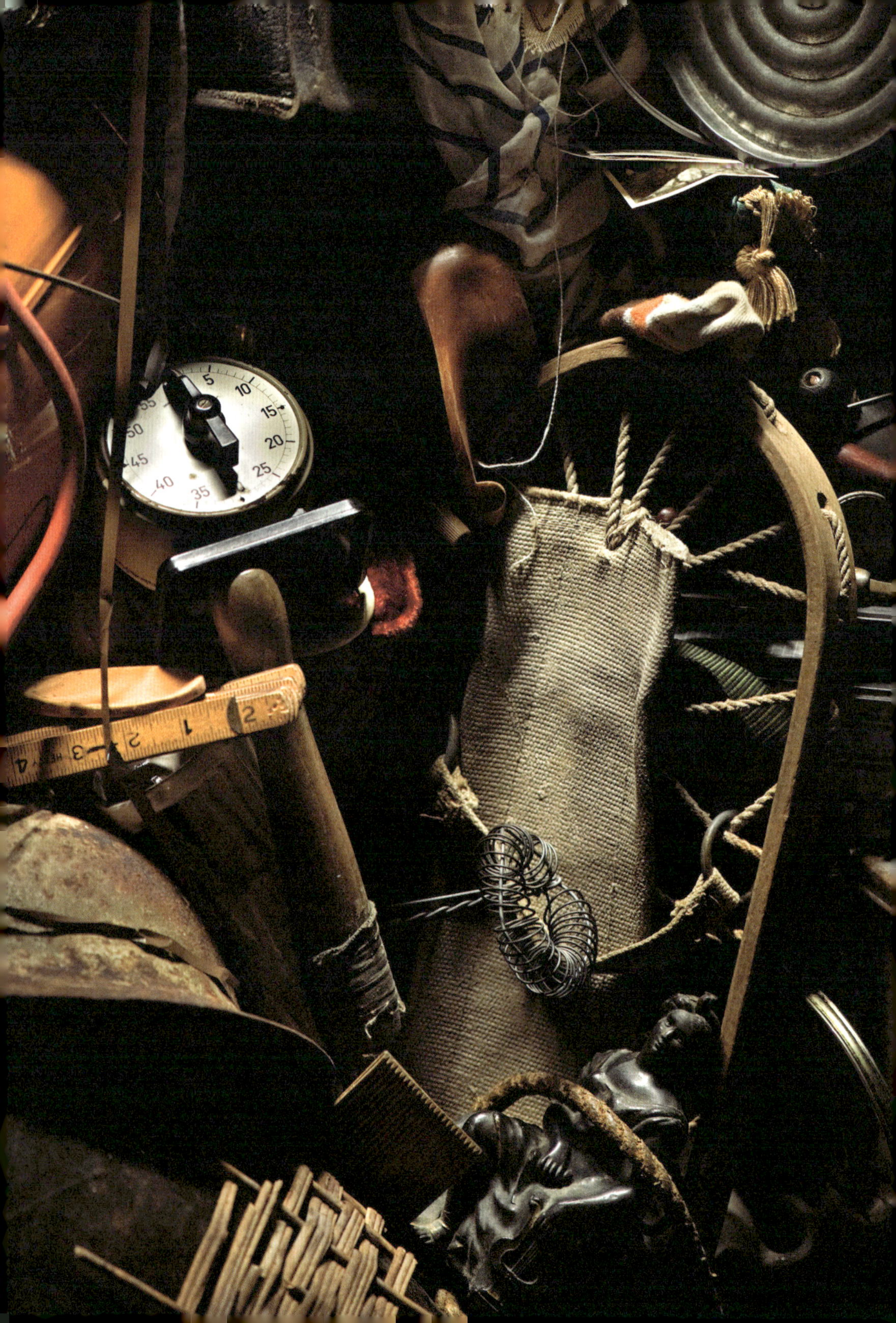

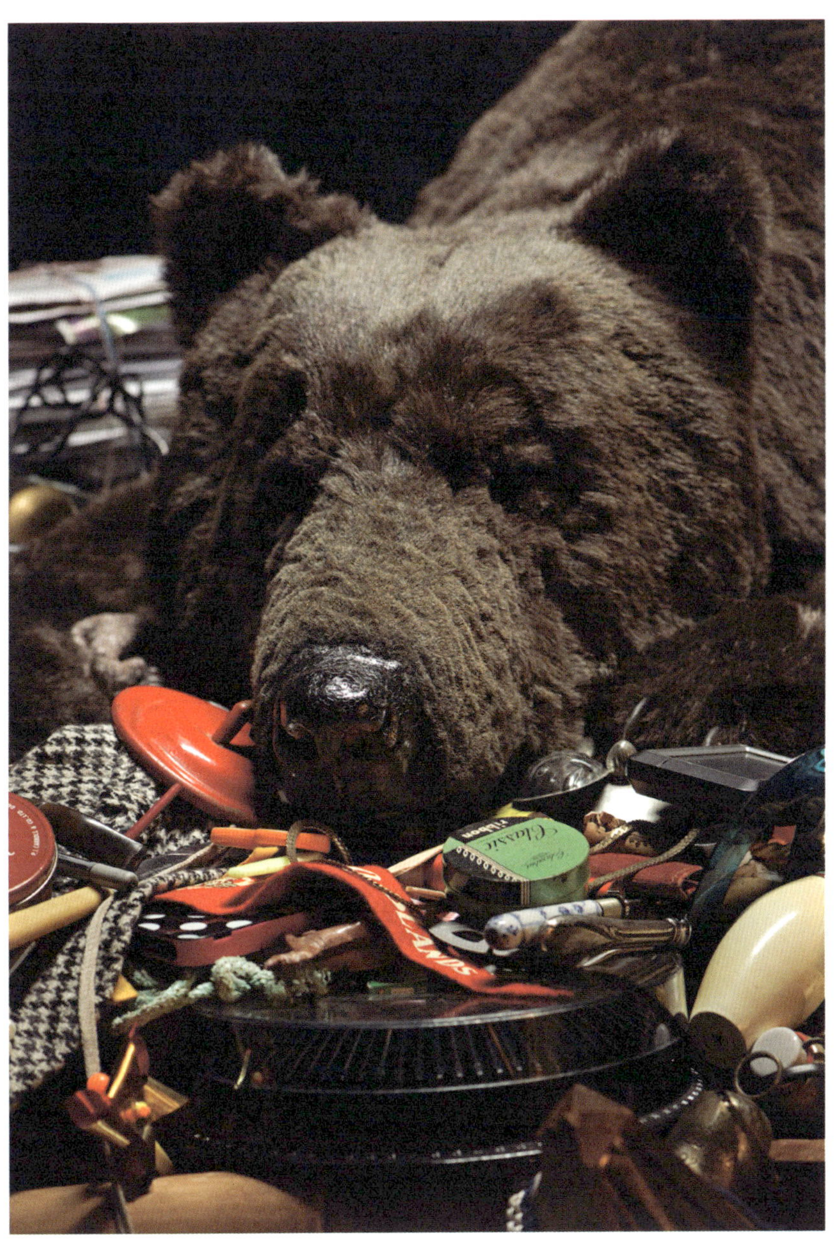
Classic
Ribbon

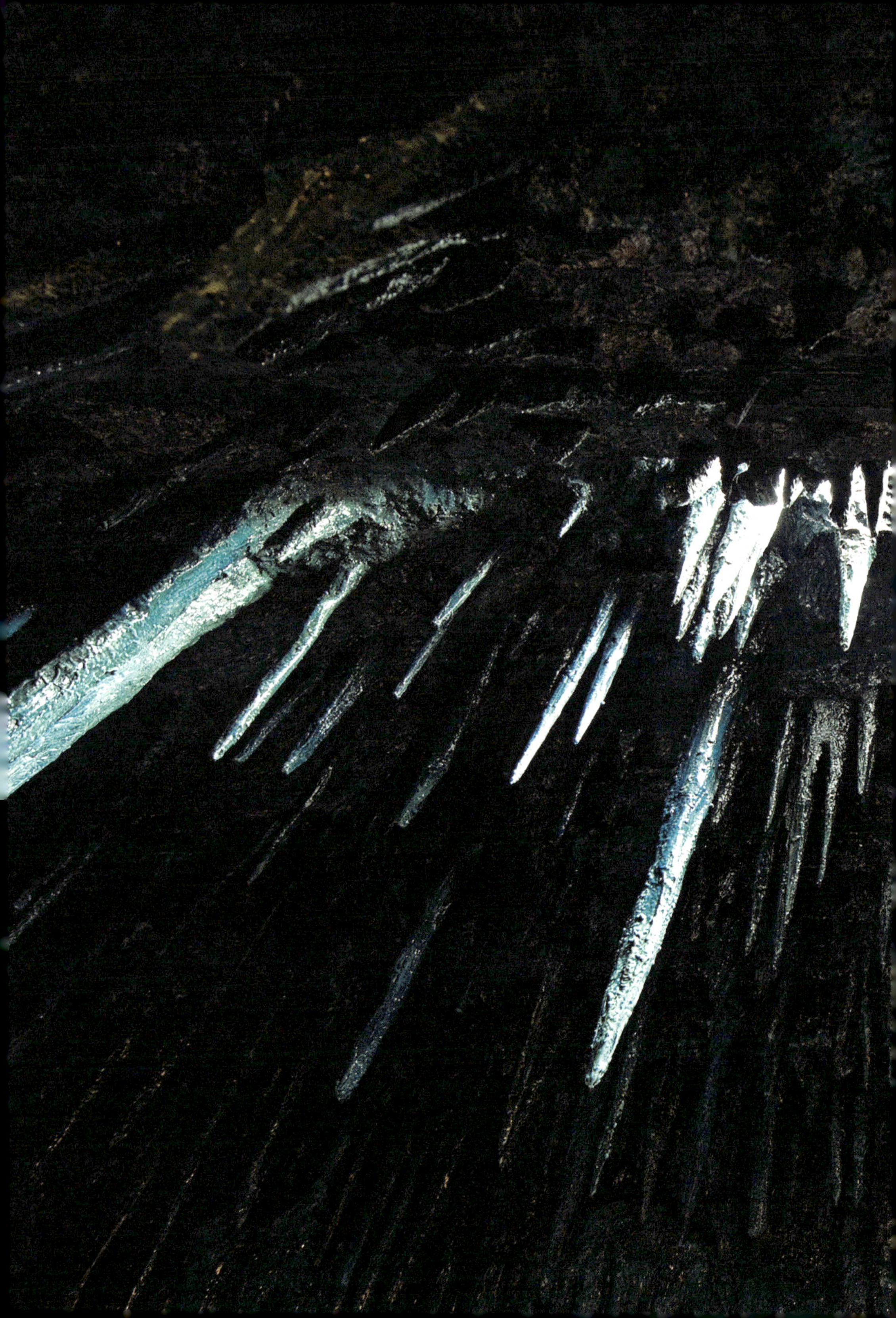

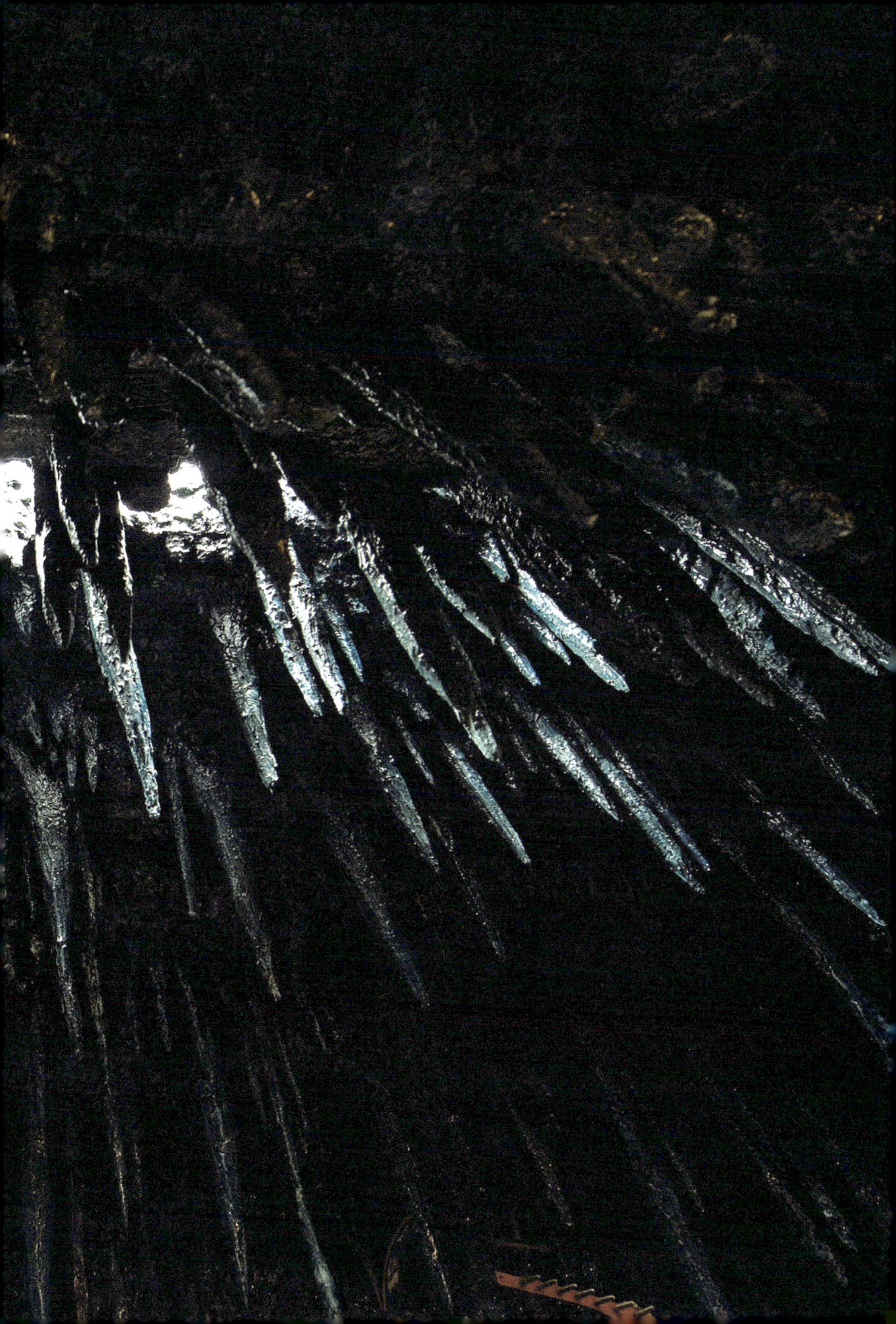

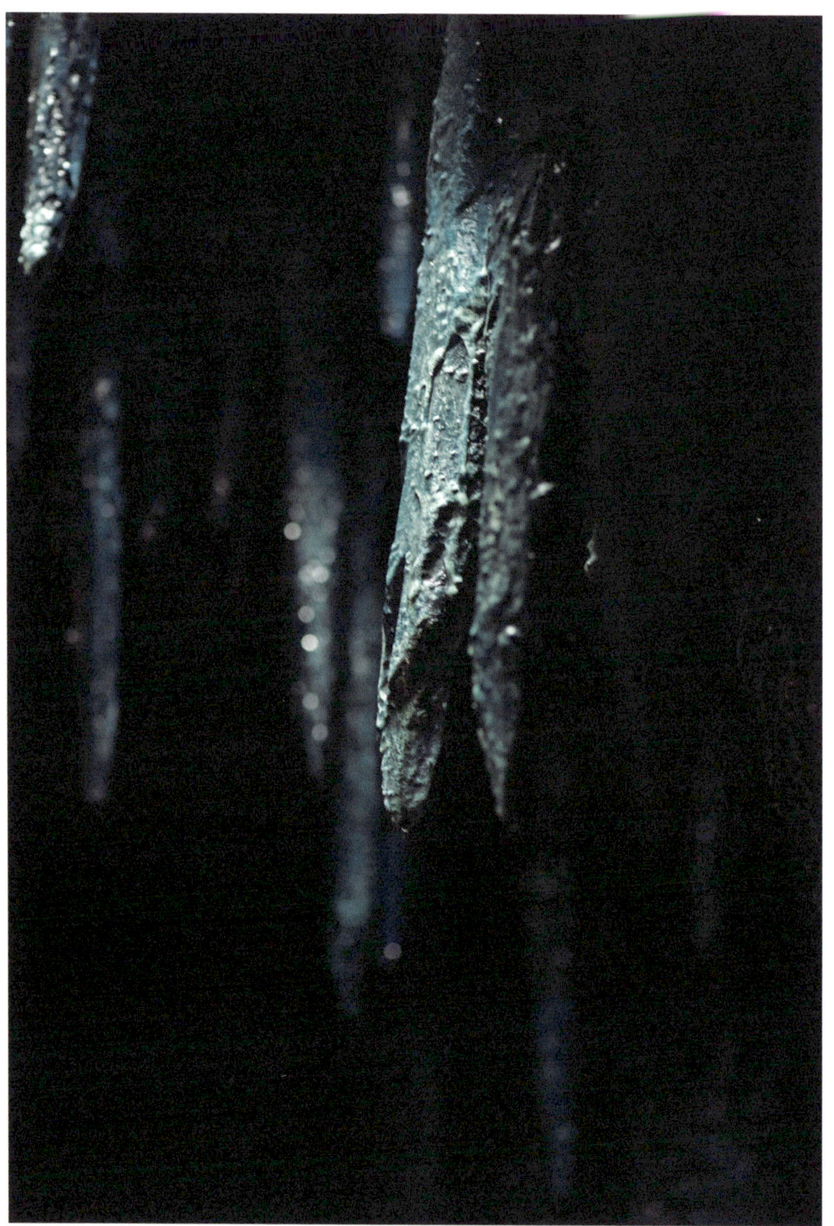

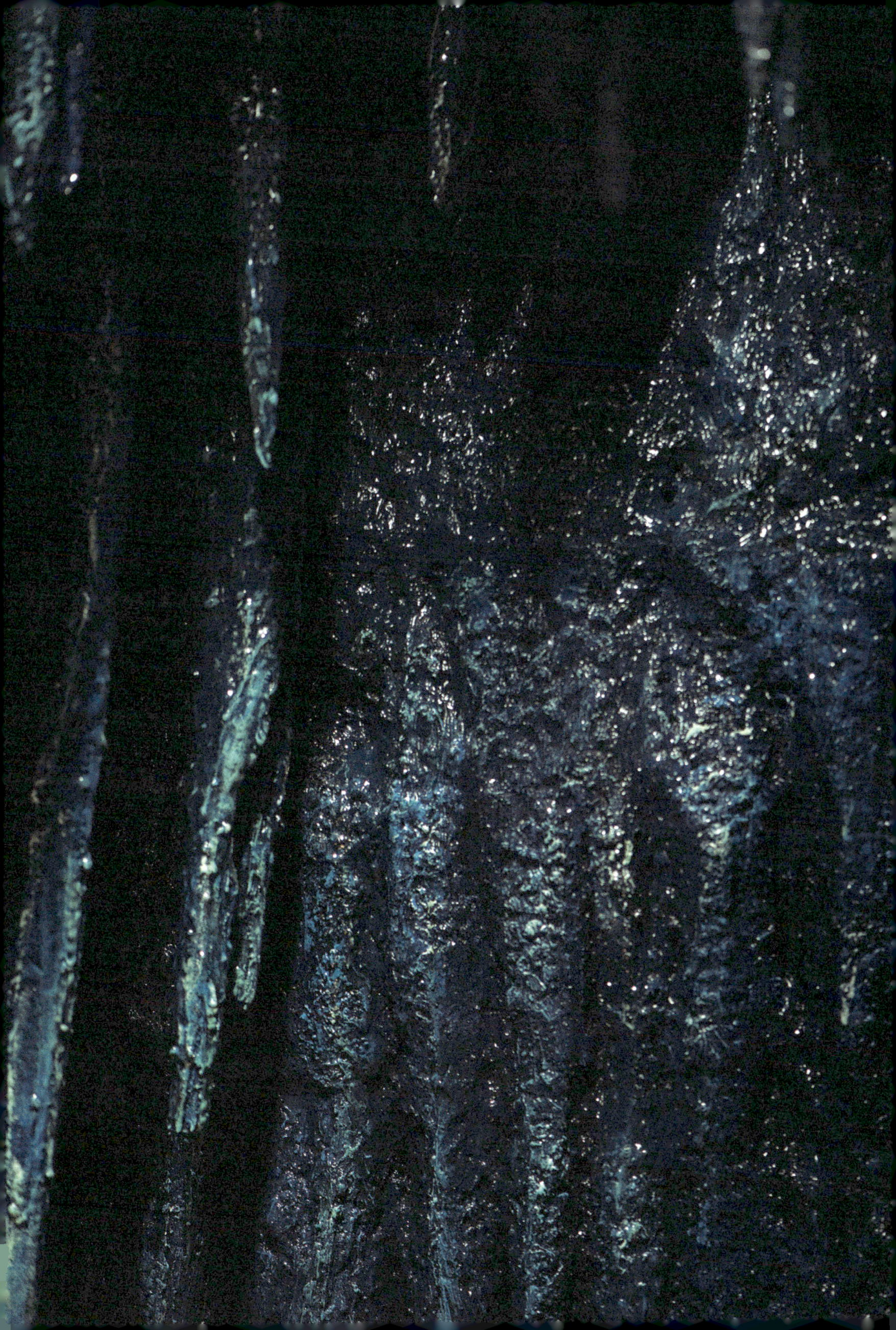

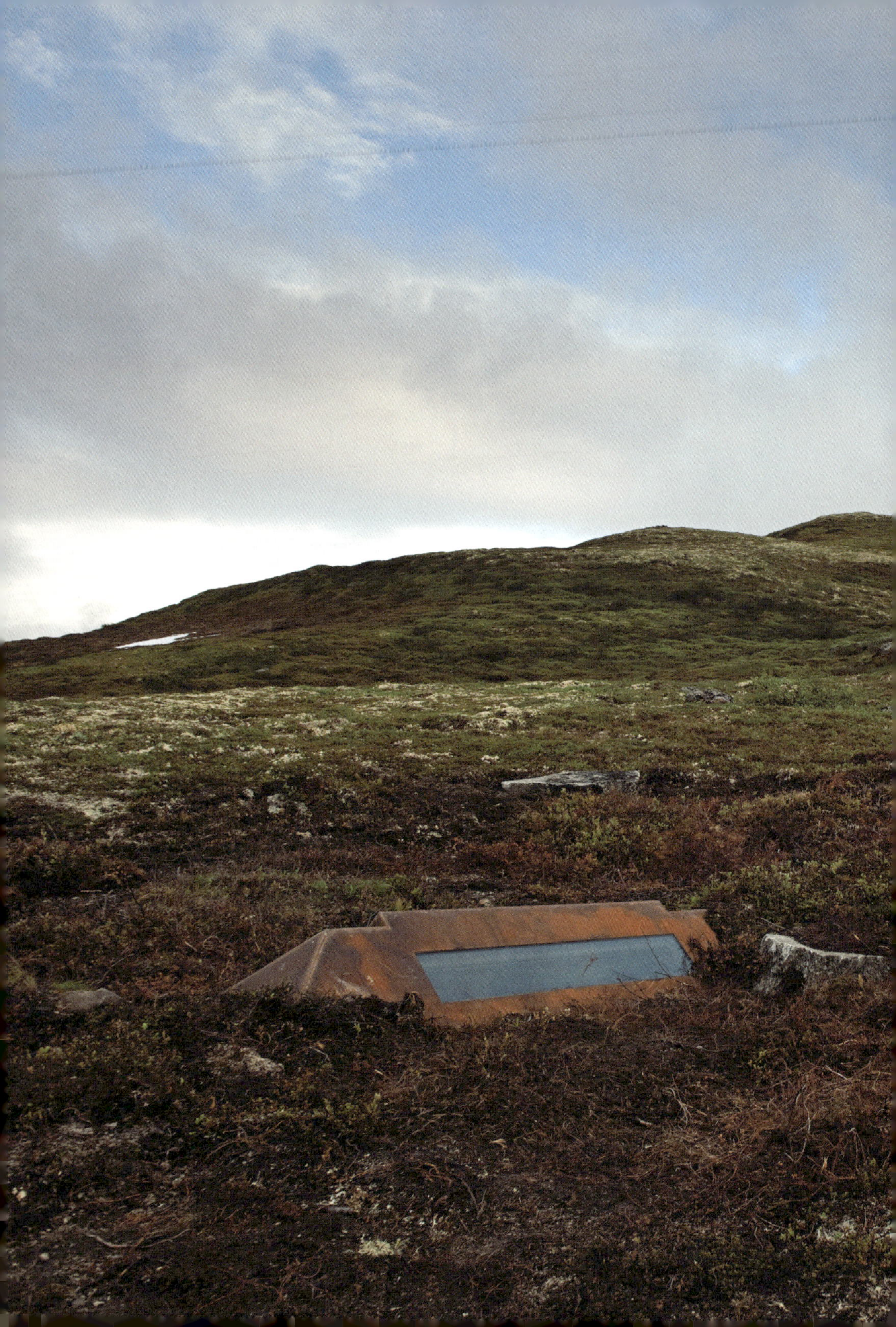

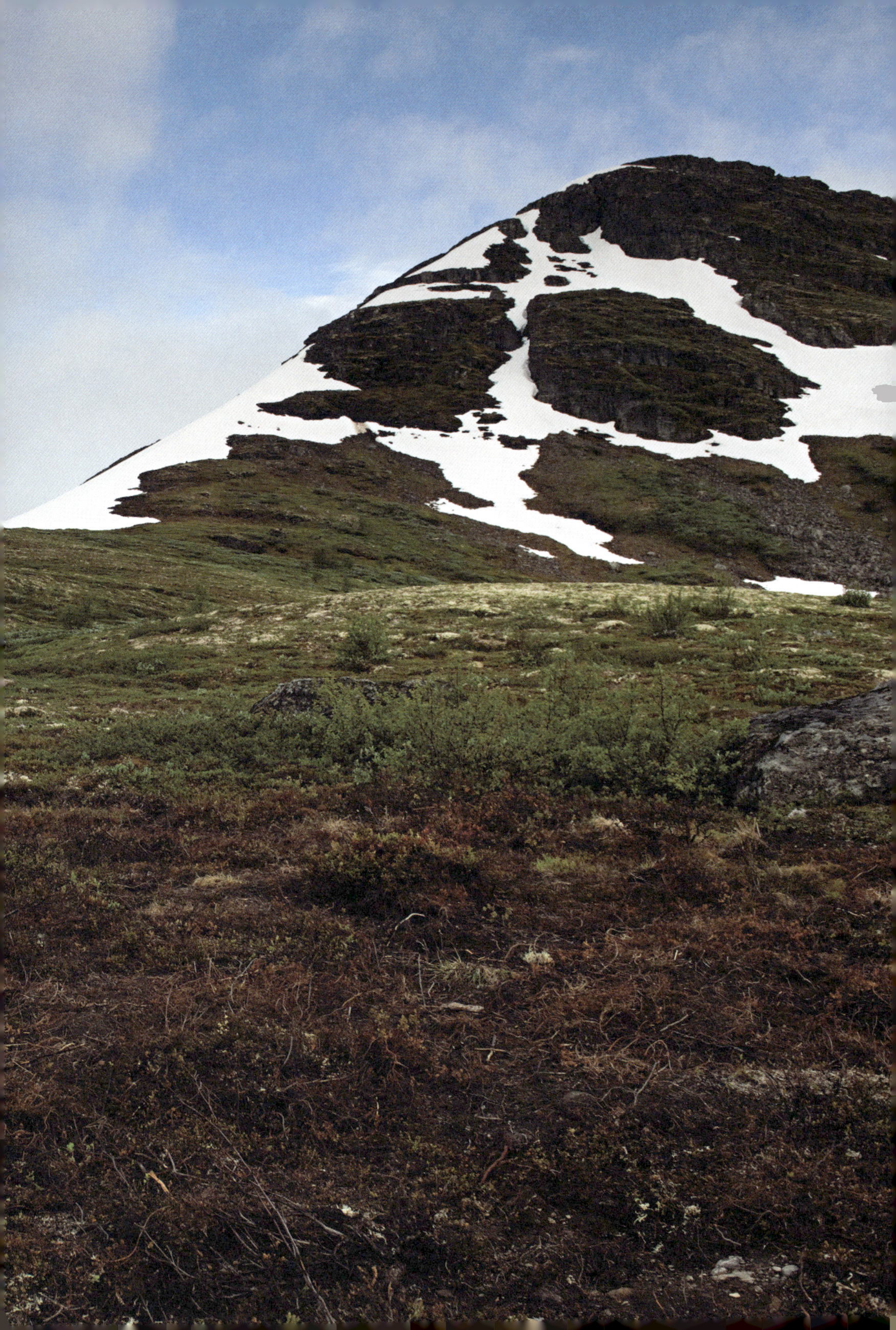

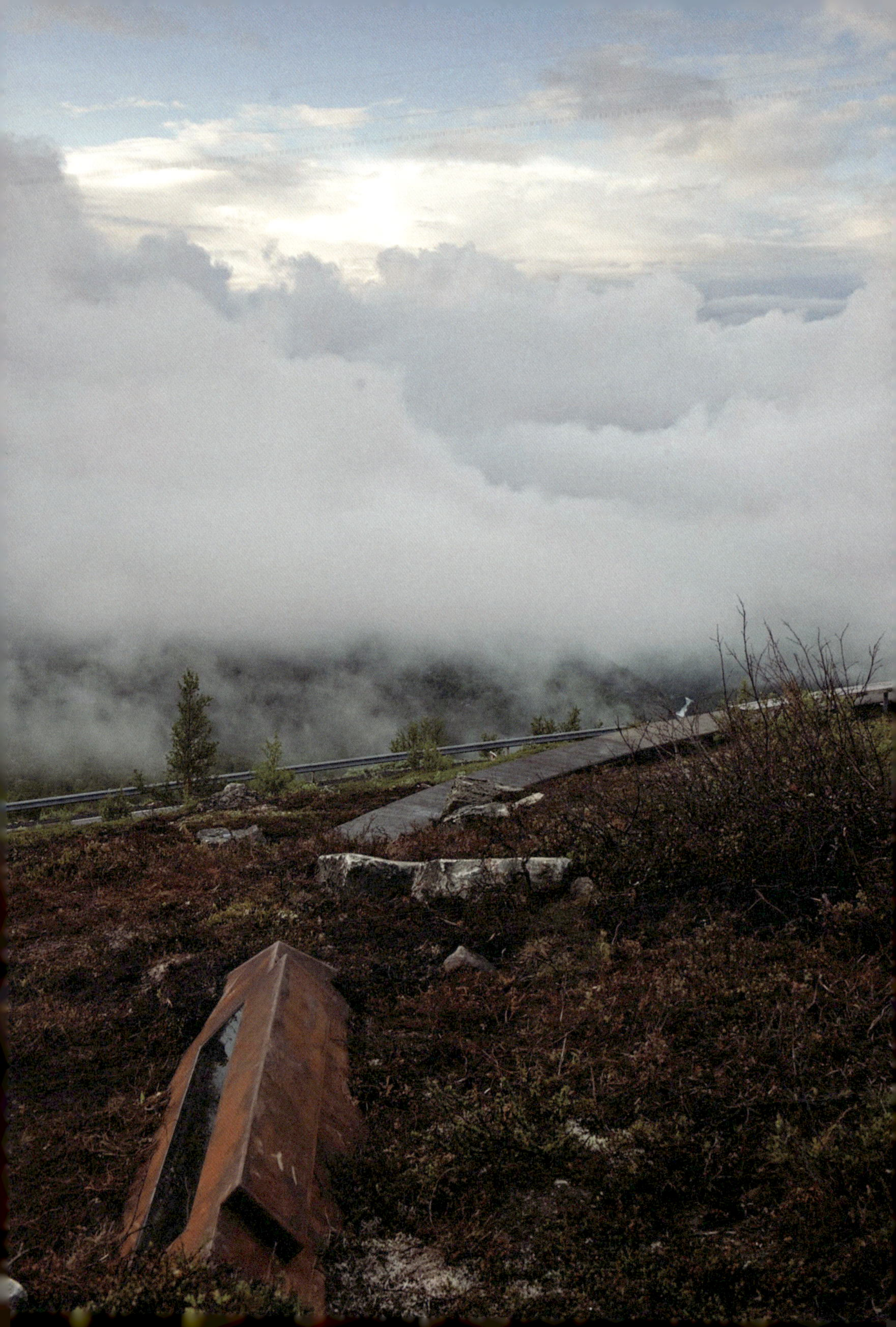

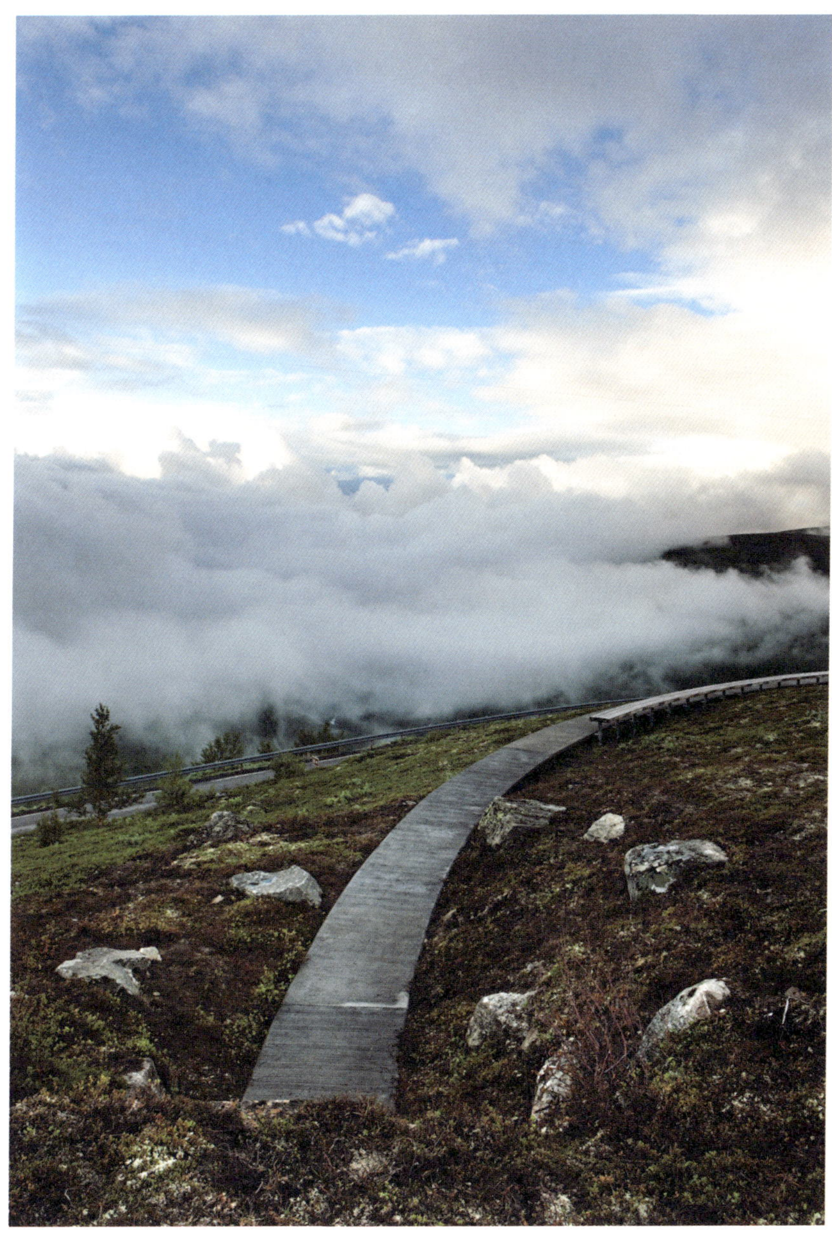

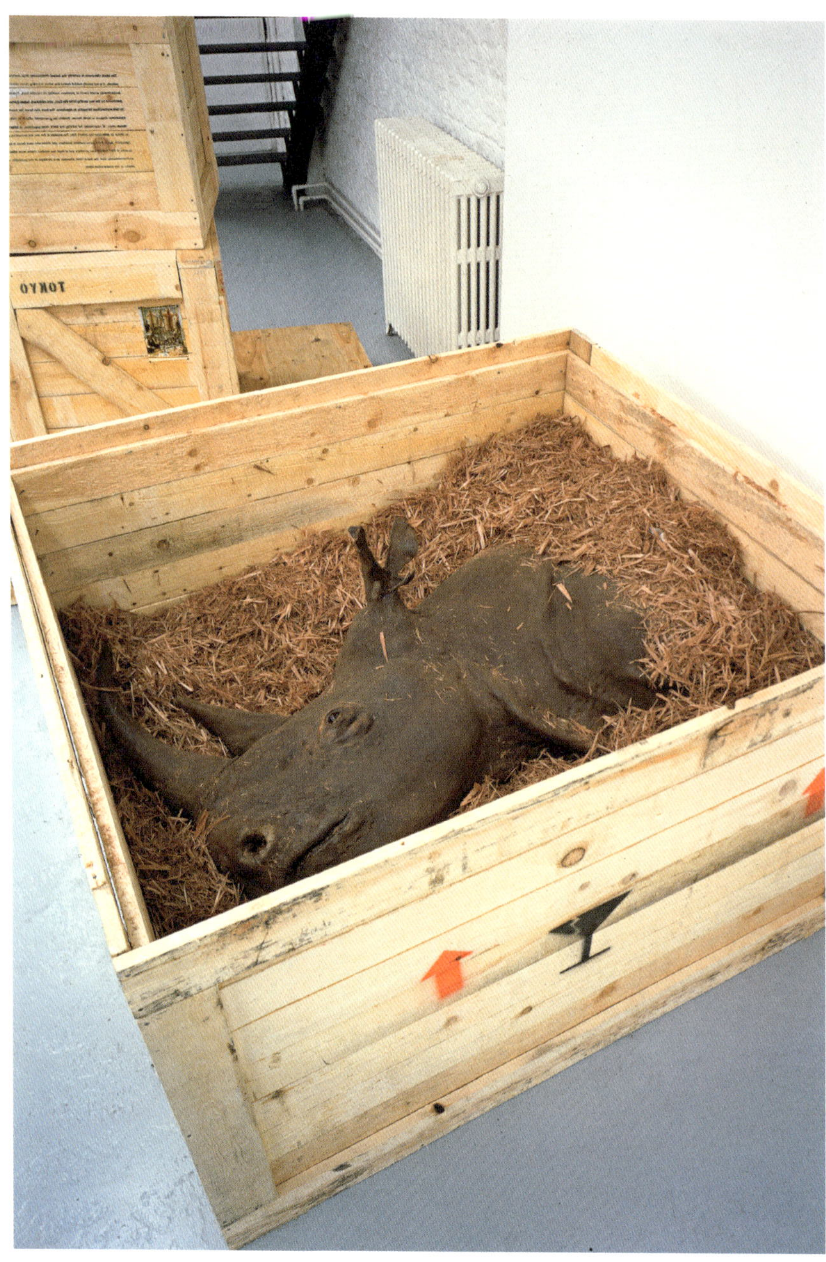

Mark Dion: *Extinction Series: Black Rhino Head*, 1989

JON-OVE STEIHAUG

Mark Dions kunstneriske feltarbeid

By the time I got out of the Whitney Program in 1985, I sort of knew how to be an artist, because I had been provided with dozens of different models of what artists do and how they do it. But I hadn't figured out where or how I was going to apply the conceptual tools I had acquired. That came much later when I returned to what I was initially interested in long before [art] school: environmentalism, ecology and ideas about nature. In the slick world of Conceptual and media-based art of the early 1980s, no one seemed interested in problems of nature. So it took me some time to get back to it as a viable area for critical and artistic investigation. [...] It became clear to me that nature is one of the most sophisticated arenas for the production of ideology.[1]

I dette sitatet peker Mark Dion på interesser som står sentralt i hans kunst – miljøvern, økologi og idéer om naturen. Helt fra slutten av 1980-årene har han gjort kunstprosjekter som behandler vårt forhold til naturen og hvordan vi representerer den. Naturen da forstått som en kulturelt formidlet og ideologisk investert størrelse, slik vi møter den i media, i populærkulturen eller i vitenskapen og på de naturhistoriske museene. Med base i New York har Dion på nomadisk vis gjennomført utallige prosjekter både i USA, Sør-Amerika og Europa, som en slags kunstens feltarbeider opererer han fritt i grenselandet mellom estetiske og naturvitenskapelige tilnærminger. I mange av prosjektene mimer han arbeidsmåter og metoder vi kjenner fra vitenskapelige disipliner som biologi, zoologi og arkeologi, samtidig som han underminerer eller setter til side det rasjonale de er bygget på.

Han har stilt ut på kunstmuseer og gallerier, men også i naturhistoriske museer og andre institusjoner utenfor kunstverdenen, og har også gjort en rekke offentlige, permanente prosjekter.

Dions kunstneriske strategier kan – foruten hans interesse for naturen, som stammer fra oppveksten – relateres til tendenser i New Yorks kunstverden på 1980-tallet. Han fikk sitt første møte med dette som student ved School of Visual Arts (1982–84) og Whitney Independent Study Program (1984–85). New York var på denne tiden fortsatt det udiskutable sentrum for den avanserte samtidskunsten og den kritiske refleksjonen rundt den. Whitney-programmet var ikke minst gjennom åttiårene et toneangivende miljø av teoretisk skarpskodde kunsthistorikere og kunstnere, et sentralt koblingspunkt for unge kunststudenter som ønsket å tilegne seg kritisk teori (Dion fulgte blant annet en «reading group» ledet av Craig Owens, en av de mest sentrale kunstkritikerne på denne tiden). Det som fremfor noe preget kunstdiskusjonen på New York-scenen, var begrepet postmodernisme, forstått som en kritikk av representasjonssystemer og dominante ideologier. De viktigste teoretiske referansene var av europeisk opprinnelse, i form av Frankfurterskolen (Adorno, Benjamin) og fransk poststrukturalisme (Barthes, Foucault, Baudrillard, Derrida og Lacan). Dette var del av et oppgjør på hjemmebane med Clement Greenbergs formalistiske modernismeforståelse; til tross for grunnleggende kritikk helt fra sekstiårene hadde Greenbergs modernismeteori fortsatt en viktig posisjon i kunstverdenen, og som anstøtssten bidro den til å gi den amerikanske postmodernismediskusjonen en tydelig retning. Den postmoderne kritikken av representasjon rettet seg ifølge en toneangivende antologi fra denne tiden mot «the function of cultural myths in representation, the construction of representation in social systems, and the perpetuation and function of these systems through representation».[2]

Et slikt fokus på massemmedienes og mainstreamkulturens virkelighetskonstruksjon uttrykte seg i Dions tilfelle som en interesse for dokumentarisme og for muligheten av å anvende kritiske strategier fra dokumentarfilm og -fotografi i installasjonskunst og skulptur. Til installasjonen *I'd Like to Give the World a Coke* (1986) fikk han laget en eksakt replika av styrebordet i Coca-Colas hovedkvarter i Atlanta – rammet inn av deres ikoniske rødfarge og de forskjellige typene Coca-Cola-flasker på markedet – samtidig som et verdenskart viste den globale utbredelsen av Coca-Cola. I *Toys 'R' U.S.* (1986) laget han et halvt kaotisk barne-rom fylt med typiske barneprodukter som smurfefigurer, frokostblandinger, teg-neserier, osv. – kommersielle produkter som kan sies å kolonisere barndommen til amerikanske barn.

Som Dion peker på i sitatet ovenfor, tok det tid før han var i stand til å se at forholdet til naturen også kunne gjøres til gjenstand for en lignende kritisk, kunst-nerisk undersøkelse. Hans interesse for natur og økologi ble fra da av det grunn-leggende tema i hans kunstnerskap, sammen med en utpreget interesse for hvor-dan museer stiller ut og organiserer sine gjenstander, særlig de naturhistoriske, som gjerne vises i vitriner og dioramaer. I de første prosjektene handlet det først og fremst om utrydningen av sårbare arter og miljøkrisen sett i lys av kolonial-historien. *Extinction Series* (1989) handlet ifølge Dion blant annet om «how the current loss of biological diversity through extinction could be seen as a protracted effect of colonialism, the Cold War and 'Band-Aid' development schemes», mens *Selections from the Endangered Species List (the Vertebrata), or Commander McBrag Taxonomist* (1989) tok for seg naturvitenskapens navngiving og klassifisering av ar-tene, først idet de «oppdages», dernest idet de er i ferd med å dø ut og havne på lis-ten over truede arter.[3] Selv om Dions kunstneriske arbeider nå hovedsakelig dreide seg om naturen, eller «the culture of nature», handlet de fortsatt om kritikk av re-presentasjon, og spesielt om hvordan naturbegrepet er ideologisk investert.

Innsamlinger og forflytninger

I forbindelse med prosjektet *On Tropical Nature* (1991), som ble viktig for hans vi-dere arbeid, tilbrakte Dion fire uker i regnskogen i Venezuela. I løpet av ekspedi-sjonen samlet han ting fra naturen i en transportkasse – jordprøver, insekter, plan-ter, nøtter, reptiler, osv. – som ukentlig ble hentet av en båt som tok den med seg til utstillingsstedet i Caracas, hvor Dions verk inngikk i gruppeutstillingen *Arte Joven en Nueva York*. Det var staben her som bestemte hvordan innholdet i kassene skulle stilles ut, og Dion unnlot bevisst å gi spesielle instruksjoner. Han gikk her inn i rollen som den vestlige naturforskeren som begir seg ut i det ukjente og ek-sotiske på jakt etter ny viten.

Året etter ble materialet bearbeidet videre av Dion på et galleri i New York. Utstillingen fikk tittelen *N.Y. State Bureau of Tropical Conservation*. I løpet av utstillingsperioden fortsatte han å organisere og konservere materialet til det til slutt bestod av 157 merkede og nummererte funn. Han hadde også samlet inn eksemplarer av frukt, grønnsaker og planter fra grønnsaksmarkeder langs Broadway (*The Upper West Side Plant Project*) samt fisk og sjømat fra fiskemarkedene i Chinatown (*The Department of Marine Animal Identification of the City of New York*) – funn som på samme vis ble analysert, kategorisert og konservert. Under utstillingen arbeidet han flere timer daglig i hvert av disse tre «kontorene», som i en tvetydig parodi på den innsamling og klassifisering naturvitenskapelig feltarbeid består av. Det hele fikk karakter av å være en performance hvor publikum kunne følge med på hvordan samlingene gradvis tok form, og hvordan hyllene ble fylt av bokser og glass med preparerte funn. Denne prosessen ble viktigere enn installasjonene som fysiske verk.

Dions fremgangsmåte – å samle inn materiale fra et gitt sted og ta det inn i kunstgalleriet – har sterke forbindelser til den amerikanske kunstneren Robert Smithsons grensesprengende kunst på 1960-tallet, som tok opp i seg alt fra geologi, fysikkens entropi-begrep og science fiction til refleksjoner over museumsinstitusjonen og datidens minimalistiske skulptur. Særlig relevant er en serie verk Smithson kalte *Non-sites*, hvor han gjorde innsamlinger av stein og grus fra bestemte steder i landskapet (*sites*). I neste omgang ble dette mineralske materialet stilt ut i geometrisk formede kasser i et kunstgalleri eller museum (*non-site*). Disse beholderne ble stilt opp i et ordnet system tilsvarende en fotocollage på veggen av det samme landskapet. Bildene viste hvor materialet i de enkelte kassene var hentet fra. Med disse arbeidene problematiserte Smithson forholdet mellom kunstgalleriet og verden utenfor.

På seksti- og syttitallet bidro Smithson og andre kunstnere i hans generasjon til å skape en radikalisert bevissthet om galleriets «hvite kube» som et på ingen måte nøytralt sted; samtidig tok de kunstverket ut av kunstinstitusjonen og ut i landskapet i form av såkalt *land art*. Dette ga støtet til kunstneriske tendenser som har stått sentralt i samtidskunsten under navn som «stedsspesifikk kunst» og «institusjonskritikk», og som Dions kunst også er en del av. Mens det stedsspesifikke i sekstitallets kunst primært ble forstått som noe fysisk håndgripelig eller institusjonelt definert, knyttes det hos Dion og andre i hans generasjon på åttitallet snarere til det *diskursivt* spesifikke. Kunstnerens spesifikke utgangspunkt er her i større grad knyttet til et kunnskapsfelt og ikke et gitt sted eller en gitt institusjon.[4] I Dions verk er det naturbegrepet og diskursen omkring naturen som utgjør omdreiningsaksen.

Dødelige habitater

I samarbeidsprosjektet *Concrete Jungle* (1993) tok Dion, Alexis Rockman og Bob Braine for seg den type dyreliv vi finner i byer og tett på mennesker, nærmere bestemt såkalte r-selekterte arter som kakerlakker, rotter, duer, osv. Slike arter har en usedvanlig overlevelsesevne, de formerer seg raskt og er i stand til å innta miljøer hvor den økologiske balansen allerede er forrykket gjennom menneskelig aktivitet, og de utgjør derfor en trussel mot det biologiske mangfoldet. I tillegg kan de være smittebærere. Dions installasjoner besto av hauger med avfall som var befolket av utstoppede dyr – katter, rotter, kråker og måker. I katalogen forteller kunstnerne en talende anekdote om Eugene Schiefflin, som i 1890 innførte førti europeiske stærfugl-par til Central Park i New York som et ledd i et prosjekt der målet var å importere alle fuglearter som er nevnt i William Shakespeares dramaer og sonetter. Denne stær-populasjonen spredte seg i løpet av noen tiår til hele det nord-amerikanske kontinentet og ble raskt en trussel for innfødte fuglearter og jordbruk.[5]

I installasjonen *The Library for the Birds of Antwerp* (1993), som Dion laget til Museum van Hedendaagse Kunst i Antwerpen, lot han atten levende afrikanske finker fly fritt rundt i det sirkulære utstillingsrommet. Midt i rommet sto et avkappet, dødt tre som var fylt med bøker, fotografier og diverse gjenstander, deriblant fuglebur og fuglefeller. Treet sto der som et dystert *memento mori*. Det var plantet i et sirkulært basseng som var fylt med jord og kledd med keramiske fliser. Fugleartene som utgjorde motivet på flisene, kom fra fjerne land – fra hele det kommersielle imperiet Antwerpen en gang var sentrum for, del av en kolonial historie som betydde utryddelsen av mange fuglearter så vel som andre arter. Fugleburene og fellene i treet henspilte ikke minst på den handelen med eksotiske fugler som begynte på 1500-tallet, og som man fortsatt finner på Antwerpens fuglemarked. Det døde treet fremsto umiddelbart som et dystert forvarsel om en økologisk katastrofe, som et «livets tre» i revers, og sto i sterk kontrast til de levende fuglene som fylte rommet. Dette perspektivet ble understreket av de naturhistoriske verkene som lå oppstablet på grenene, og som vitnet om det moderne

menneskets forsøk på å skaffe seg systematisk kunnskap om naturen som selvut-
nevnt «skapningens herre».[6]

Utgravninger – kuriosakabinetter

På midten av nittitallet tok Dion også i bruk kvasiarkeologiske arbeidsmetoder i
sine prosjekter.[7] *History Trash Dig* (1995) foregikk i Fribourg i Sveits, hvor Dion
tok del i en gruppeutstilling. Her gravde han ut jord fra bunnen av en elvedal rett
inntil den gamle bydelen, som kneiser på en høyde. Dette er et område hvor folk
i århundrer har kvittet seg med søppel og kastet fra seg ting. Etter å ha fraktet
jorden til galleriet med trillebår arbeidet han seg i løpet av utstillingen igjennom
den på jakt etter gjenstander. Disse gjenstandene – alt fra porselensskår til sko-
hæler og hesters kjevebein – ble renset og stilt ut på en hylle langs veggene i rom-
met. Mens det avgjørende i en arkeologisk utgravning er å identifisere og skille
mellom de forskjellige kulturlagene funnene forholder seg til, var Dion snarere
opptatt av å sammenstille ting fra vidt forskjellige tidsperioder i en form for his-
torisk samtidighet.

Til den nordiske paviljongen på Venezia-biennalen i 1997 gjorde han et til-
svarende prosjekt. Flere tonn med stinkende mudder fra bunnen av en av kana-
lene ble gjennomsøkt for gjenstander. Disse ble behørig rengjort og stilt ut i et la-
gerrom som ble gjort om til et lite skattkammer av glasskår, keramikk og annet
(*Raiding Neptune's Vault*, 1997). Et mer omfattende prosjekt gjennomførte han to
år senere i London i regi av Tate Gallery (*Tate Thames Dig*, 1999). Sammen med en
gruppe frivillige sanket han gjenstander langs bredden av Themsen – både på si-
den som kalles Bankside, et område som lenge var byens fattigstrøk, og hvor det
nye Tate Modern på det tidspunktet var i ferd med å bli ferdigstilt i en renovert
kraftstasjon, og ved Millbank, et av byens finere områder, hvor Tate Britain lig-
ger. På grunn av flo og fjære var det bare et visst antall timer hver dag hvor elve-
bredden ikke var dekket av vann. Funnene – en enorm mengde gjenstander og et-
terlatenskaper – ble rengjort og klassifisert i tre store arbeidstelt med alt nødven-
dig utstyr. Ett av dem var åpent for publikummere som ønsket å følge prosjektet.
Her fikk gruppen også besøk av arkeologer fra Museum of London, kjentfolk fra
Thames River Police og forskere av forskjellig slag som holdt foredrag og hjalp til
med å identifisere gjenstandene.

Etter rengjøring ble gjenstandene grovsortert ut fra hva slags materiale de var laget av – keramikk, glass, bein, skjell, plast, metall, osv. Gjenstander fra de to funnstedene ble holdt fra hverandre. Dernest utviklet Dion mer nyanserte kategorier for å skille funnene fra hverandre. Det dreide seg om alt fra flasker, plastleker, tenner og kredittkort til krittpiper og østersskjell, altså ting fra vidt forskjellige tidsperioder og bruksområder. Dions ordning av tingene fulgte, som i de tidligere utgravningsprosjektene, ikke de kategorier en arkeologisk utgravning ville lagt til grunn, som tidsmessig bestemmelse av funnene; her fant man gamle gjenstander ved siden av ting fra vår egen tid, verdiløst skrot sammen med sjeldenheter. Dette kom også til uttrykk i det store, tosidige mahognikabinettet hvor funnene til slutt ble samlet og stilt ut, og som nå er i Tate Moderns samling. Som i et stort kuriosakabinett var gjenstandene ordnet på mangfoldig vis, hverken hierarkisk eller lineært; de var også umerkede, og det ble på den måten opp til den enkelte å forestille seg de mange mulige historiene og sammenhengene som kunne ligge til grunn for materialet.

Et gjennomgående trekk ved Dions kunst har som nevnt vært hans interesse for den type utstillingsinteriører og den museumslogikk man finner i eldre naturhistoriske museer, med deres vitriner, skap og dioramaer. Men han har også vært opptatt av samlingene som eksisterte før de moderne museene ble etablert, vekselvis kalt *Wunderkammer*, *Kunstkammer* eller kuriositetskabinetter. I et lite «Lexicon of Relevant Terms» beskriver han sistnevnte som: «Any of various cupboards or containers of collections, including room spaces, that flourished in Europe roughly between 1450 and 1750. These private collections, idiosyncratic in composition, were the predecessors to the rational museum.»[8] Naturgjenstander og kunstobjekter ble ikke skilt fra hverandre slik som i dagens moderne museer, hvor skillet mellom natur og kultur er helt grunnleggende, i likhet med skillet mellom kunsthåndverk og autonom kunst. Mange av Dions prosjekter dreier seg om innsamlinger eller utgravninger som finner sin endelige form nettopp som en form for kuriositetskabinetter og kvasimuseale samlinger.

I en rekke andre prosjekter har Dion angrepet problemstillingen fra motsatt kant og tatt utgangspunkt i allerede eksisterende museumssamlinger. Disse har han reorganisert eller gjort utvalg fra ved hjelp av noe av den samme tilnærmingsmåten. Han har gjort det med store og sammensatte universitetssamlinger som ved Ohio State University (*Cabinet of curiosity for the Wexner Center of the Arts*, 1997) eller University of Minnesota (*Cabinet of curiosity for the Weisman Art Museum*, 2001), men også ved en rekke andre museer – hvor han sporer glemte historier og kuriøse forbindelser i samlingene. Relativt nylig gjennomførte han et prosjekt ved Oakland Museum of California (OMCA) som munnet ut i utstillingen *The Marvelous Museum: Orphans, Curiosities and Treasures* (2010–11).[9] Til dette prosjektet valgte han ut spesielle gjenstander fra OMCAS sammensatte samlinger (som spenner fra naturvitenskap til historie og kunst) og satte dem opp mot den faste presentasjonen i museets nylig renoverte lokaler. Ifølge kurator René de Guzman dreide det seg om «things that are outside the Oakland Museum's current collecting interests or are outside the domains of the Museum's three disciplines, but have nonetheless remained in our possession. [...] diverse specimens and artifacts (a baby elephant, a 'Picture of Man with Unkempt Hair ', a Victorian birdcage, currency of the Island of Yap)».[10] For å si noe om selve museets arbeid installerte Dion også tre typiske arbeidsbord for forskjellige typer museumskonservatorer: en naturvitenskapsmann fra 1800-tallet, en historiker fra 1970-tallet og nevnte kunstkurator de Guzman. Litt tilbaketrukket i utstillingen fant man dessuten en installasjon som lignet et lagerrom, der utallige gjenstander fra samlingen lå halvveis utpakket fra sine kasser eller lagret på hyller, likt og ulikt om hverandre.

I dette prosjektet dreide Dions feltarbeid seg om å undersøke en broket museumssamling, spesielt gjenstander som ut fra nåværende samlingsinteresser var blitt «foreldreløse» og tilsynelatende irrelevante. Som vi har sett, har også det naturlige miljøet og jordens avleiringer av materiell kultur vært gjenstand for hans intensive og fascinerte undersøkelser. Med henvisning til et av Michel Foucaults hovedverk kan man si at «tingenes orden» har vært det grunnleggende temaet i Dions kunst, hvis man til tingene også regner naturens verden. For Foucault dreide det seg om hvordan språk og vitenskapelige diskurser gir fenomener mening og setter dem i system. På lignende måte undersøker Dion vår forståelse av naturen og kulturen, formulert på lekende vis og i et kunstnerisk-estetisk språk. Gjennom sin kunst har Dion dermed levert et bidrag til hvordan vi kan forstå vår egen kulturs omgang med det naturgitte, dens umettelige kunnskapstrang, dens hensynsløse utnyttelse av naturen og dens forgjengelighet.

1. «Interview. Miwon Kwon in conversation with Mark Dion». 1997. I: *Mark Dion*: 8–9. London.

2. Brian Wallis. 1984. «Introduction». I: *Art after Modernism: Rethinking Representation*: xiii. New York.

3. «Interview». 1997. I: *Mark Dion*: 10, 16. London.

4. Jf. Miwon Kwon i *One Place After Another* (Cambridge, Massachusetts 2002): «the distinguishing characteristic of today's site-oriented art is the way in which the art work's relationship to the actuality of a location (as site) and the social conditions of the institutional frame (as site) are both subordinate to a *discursively* determined site that is delineated as a field of knowledge» (s. 26).

5. *Concrete Jungle. Mark Dion, Alexis Rockman, Bob Braine*. 1993. Katalog fra Ezra and Cecile Zilkha Gallery, Center for the Arts, Wesleyan University; Mark Dion, Alexis Rockman (red.). 1996. *Concrete Jungle. A pop media investigation of death and survival in urban ecosystems*. New York.

6. Jf. Norman Bryson, 1997. «Mark Dion and the Birds of Antwerp». I: *Mark Dion*. London.

7. En rekke av disse utgravningene blir behandlet i Alex Coles og Mark Dion (red.). 1999. *Archaelogy*. London.

8. Mark Dion (red.). 1997. *Natural History and Other Fictions. An Exhibition by Mark Dion*: 56. Katalog fra Ikon Gallery, Birmingham; Kunstverein, Hamburg; De Appel Foundation, Amsterdam. Jf. også Carolyn Gray Anderson. 1993. «Ignotum per ignotius or The Wunderkammer-Logic of Natural History». I: *Die Wunderkammer*. Katalog fra K-raum Daxer, München.

9. Jf. Colleen Sheehy. 2006. *Cabinet of Curiosities: Mark Dion and the University as Installation*. Minnesota og *The Marvelous Museum. Orphans, Curiosities & Treasures. A Mark Dion Project*. 2010. Katalog. Til Wexner Center laget han også en liten «artist's book» med en serie gamle stikk av kuriosakabinetter: Mark Dion. 1997. *Theatrum Mundi*. Köln.

10. René de Guzman. 2010. «Time Machine». 1, *The Marvelous Museum*: 11.

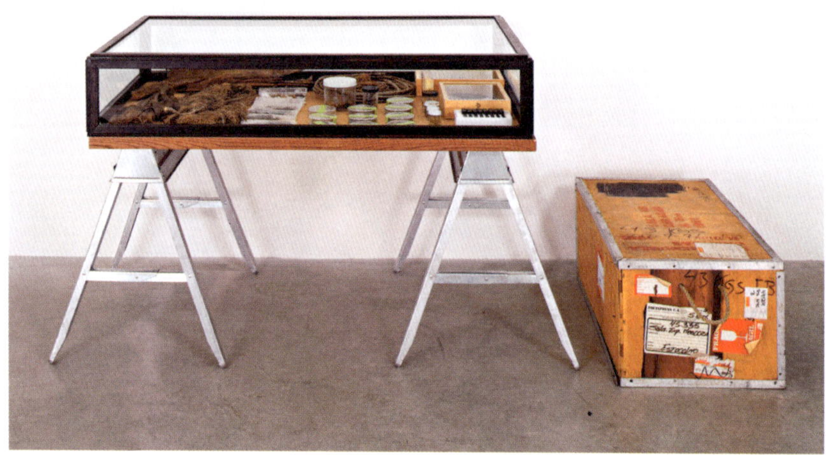

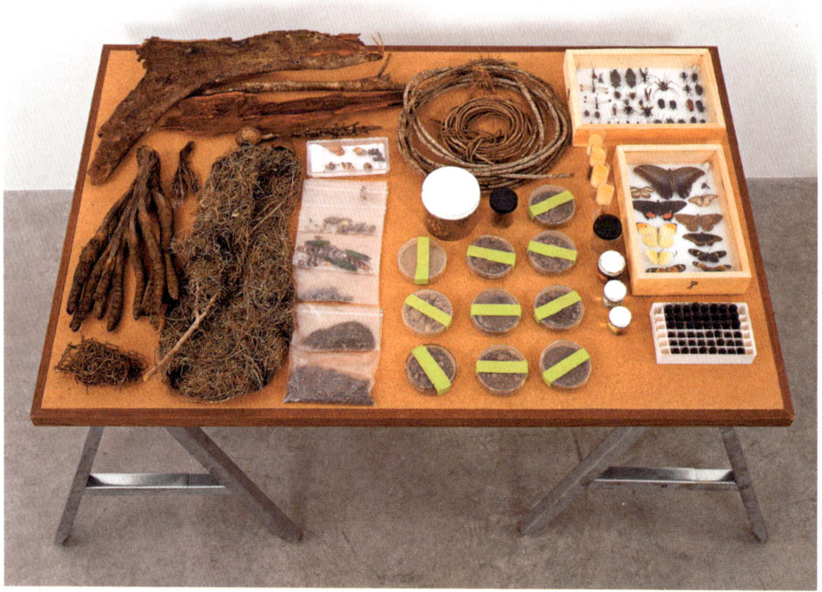

Mark Dion: *On Tropical Nature*, 1991

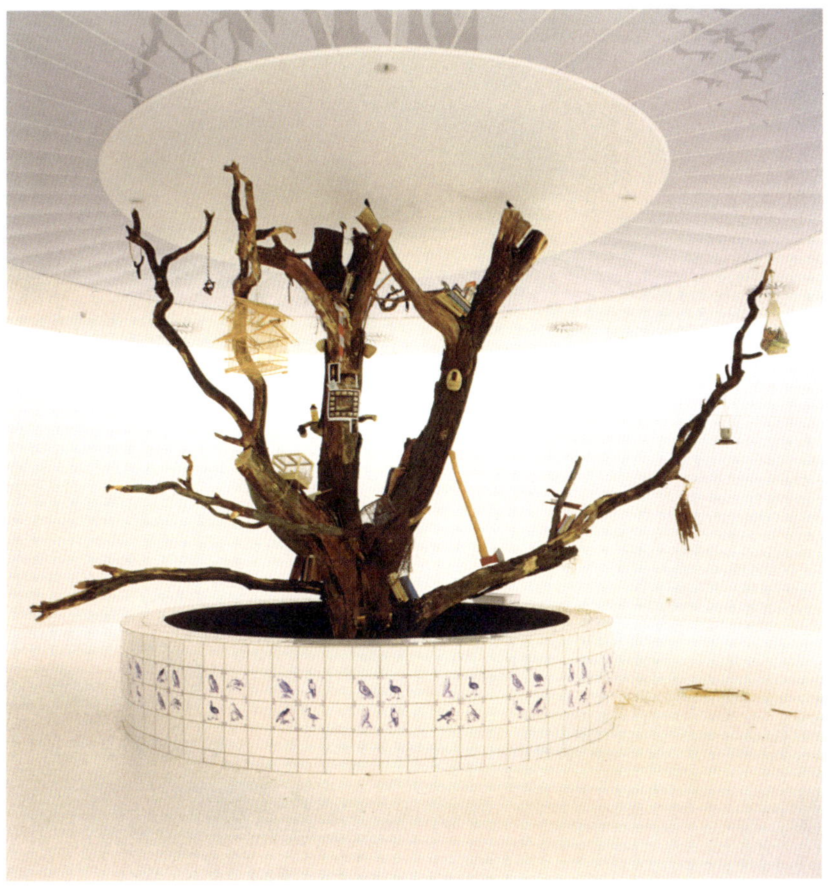

Mark Dion: *The Library for the Birds of Antwerp,* 1993

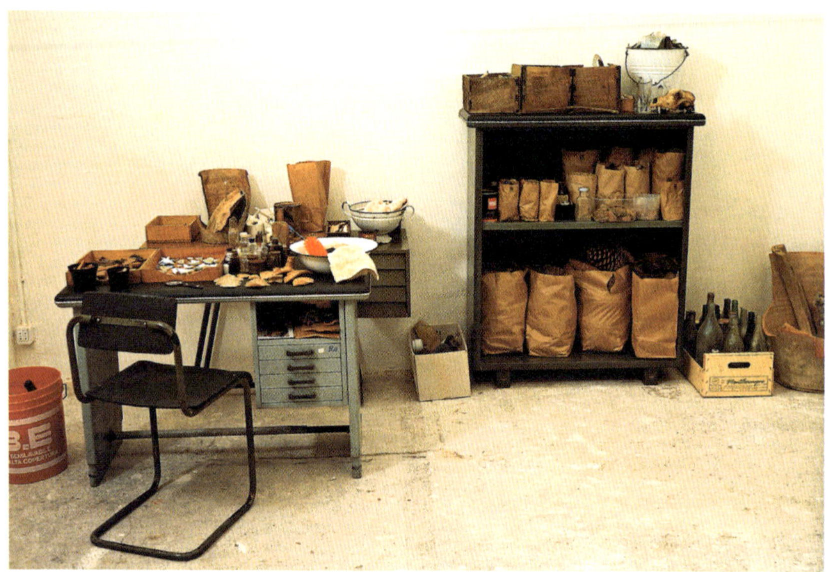

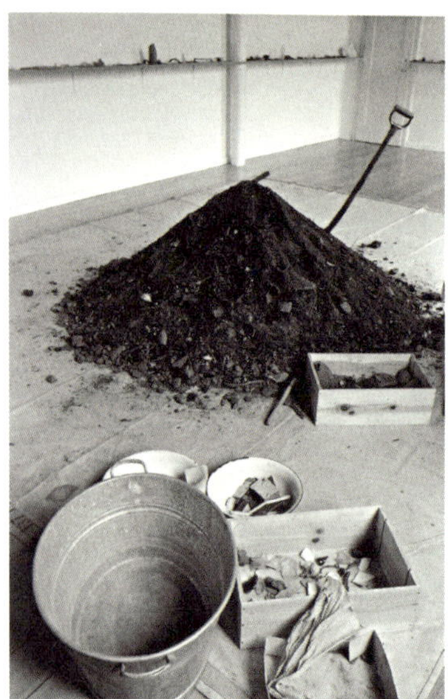

Mark Dion: *History Trash Scan*, 2000 (above), *History Trash Dig*, 1995

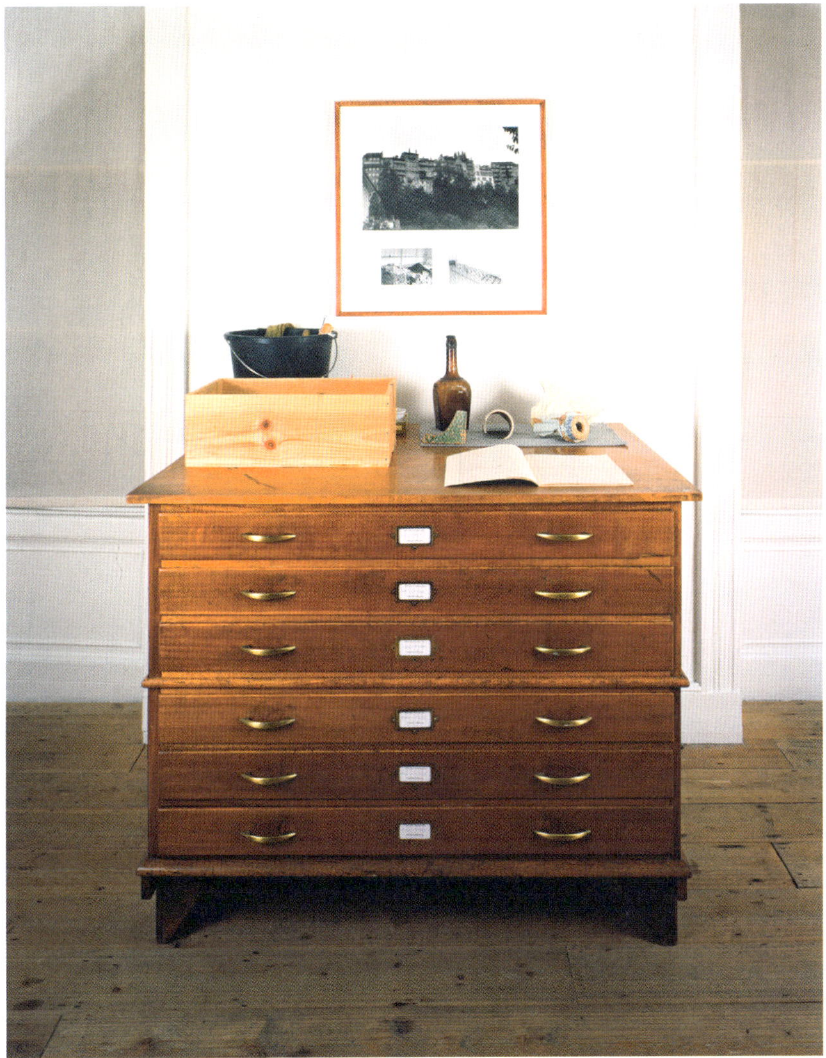

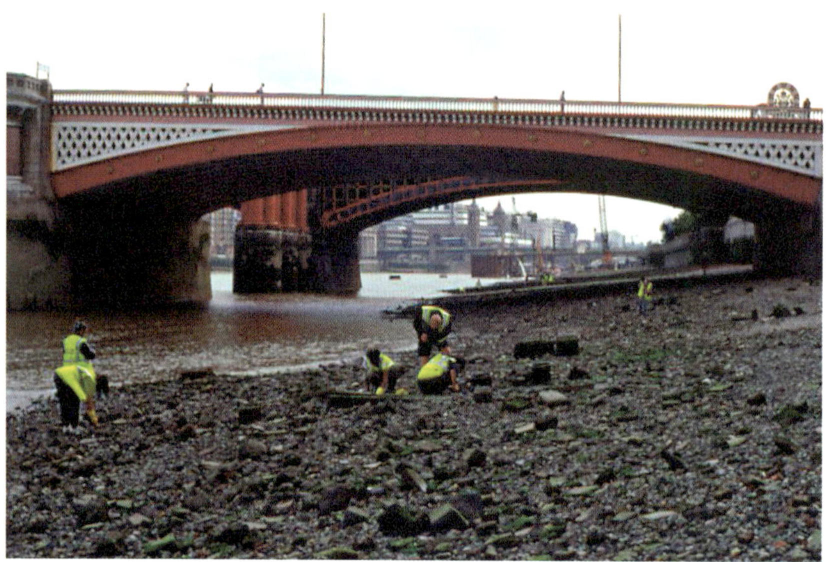

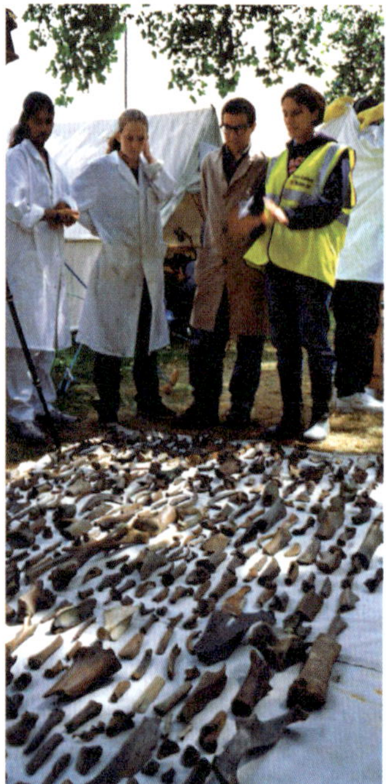

Mark Dion: *Tate Thames Dig*, 1999

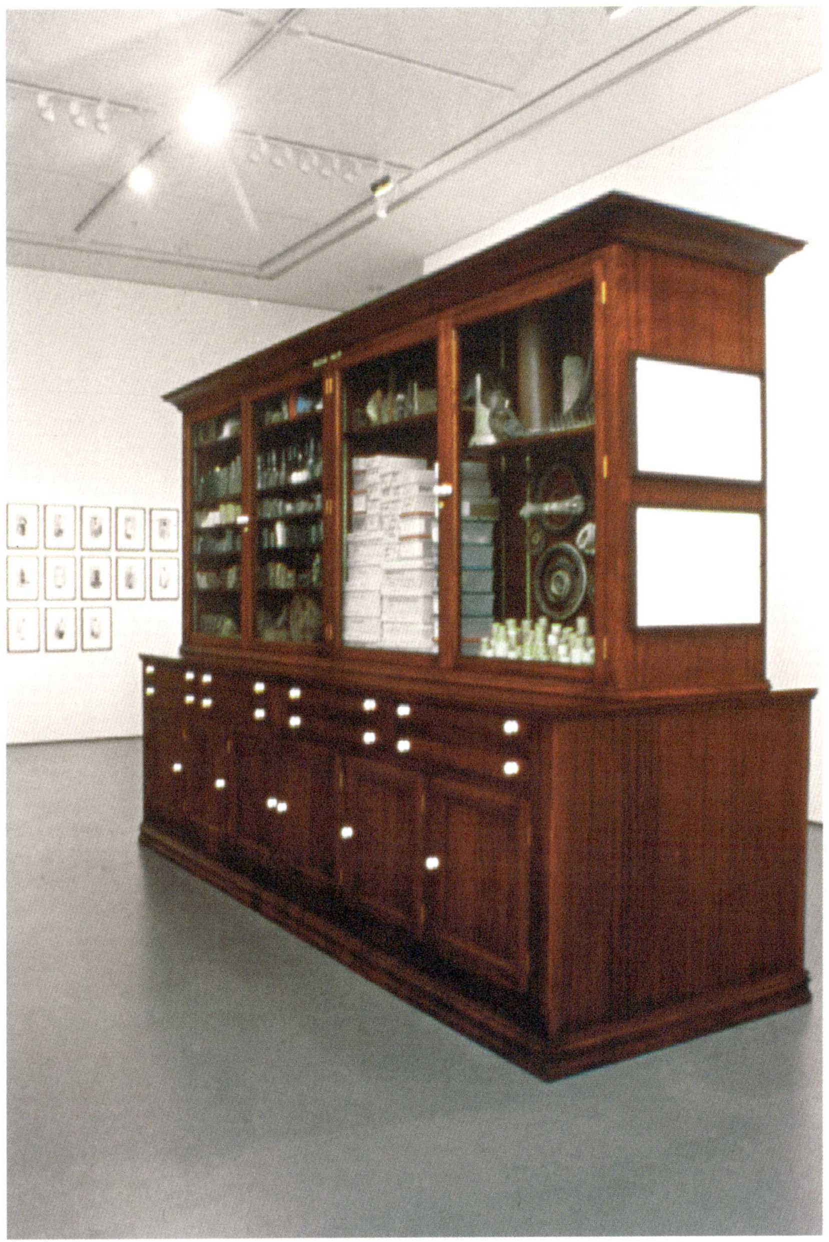

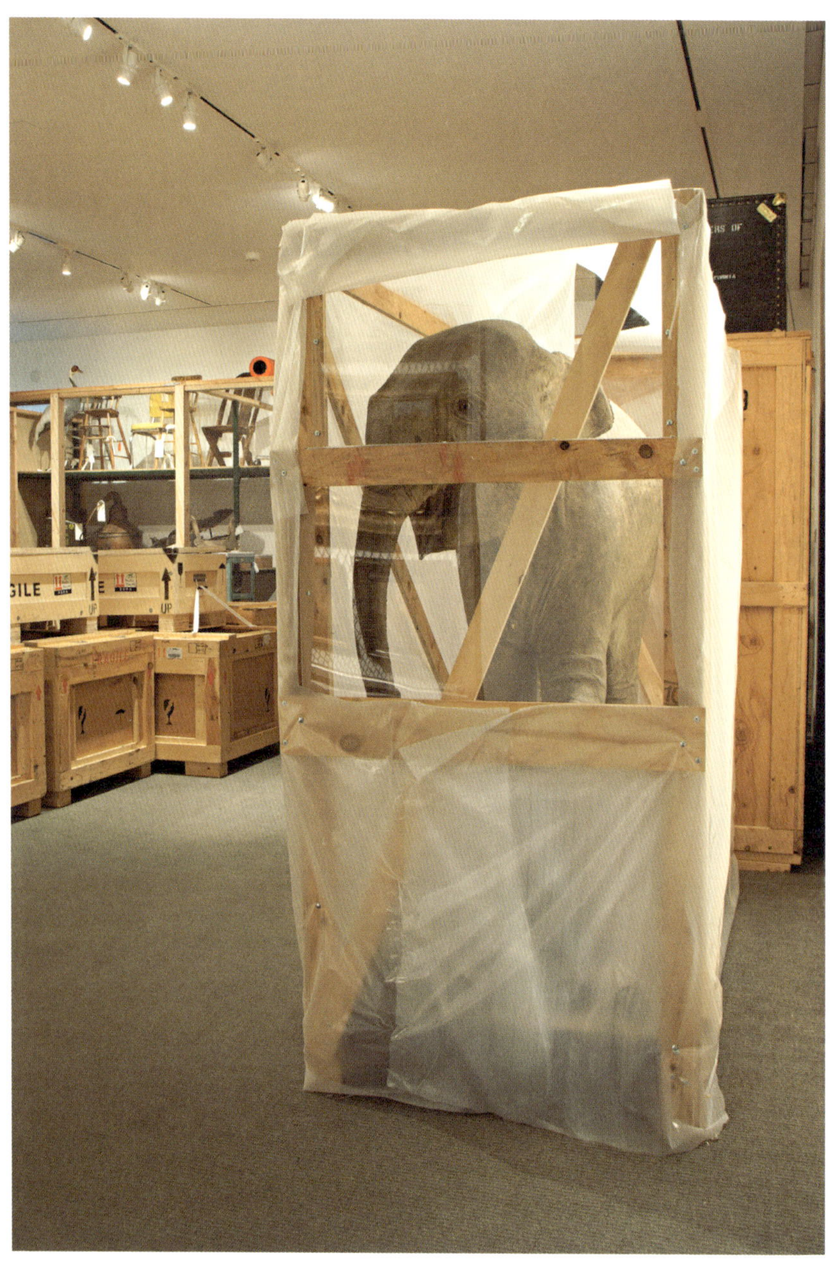

Mark Dion: *The Marvelous Museum: Orphans, Curiosities and Treasures*, 2010–11

JON-OVE STEIHAUG

Mark Dion's Artistic Fieldwork

By the time I got out of the Whitney Program in 1985, I sort of knew how to be an artist, because I had been provided with dozens of different models of what artists do and how they do it. But I hadn't figured out where or how I was going to apply the conceptual tools I had acquired. That came much later when I returned to what I was initially interested in long before [art]school: environmentalism, ecology and ideas about nature. In the slick world of Conceptual and media-based art of the early 1980s, no one seemed interested in problems of nature. So it took me some time to get back to it as a viable area for critical and artistic investigation. (...) It became clear to me that nature is one of the most sophisticated arenas for the production of ideology.[1]

In this quotation Mark Dion points to interests that figure centrally in his art – the protection of the environment, ecology, and ideas about nature. Since the very end of the 1980s, he has made art projects that address our relationship to nature and how we represent it – nature understood, then, as a phenomenon that, when encountered in the media, popular culture, or in science and natural-history museums, is culturally negotiated and invested with ideology. Although based in New York, Dion has been a nomad, pursuing countless projects in the U.S., South America, and Europe; serving as a sort of field worker of art, he operates freely on the borderland between the artist's and the natural scientist's approach. In many of his projects, his working methods bring to mind scientific disciplines such as biology, zoology, and archeology, even as he undermines or sets aside the rationality

97

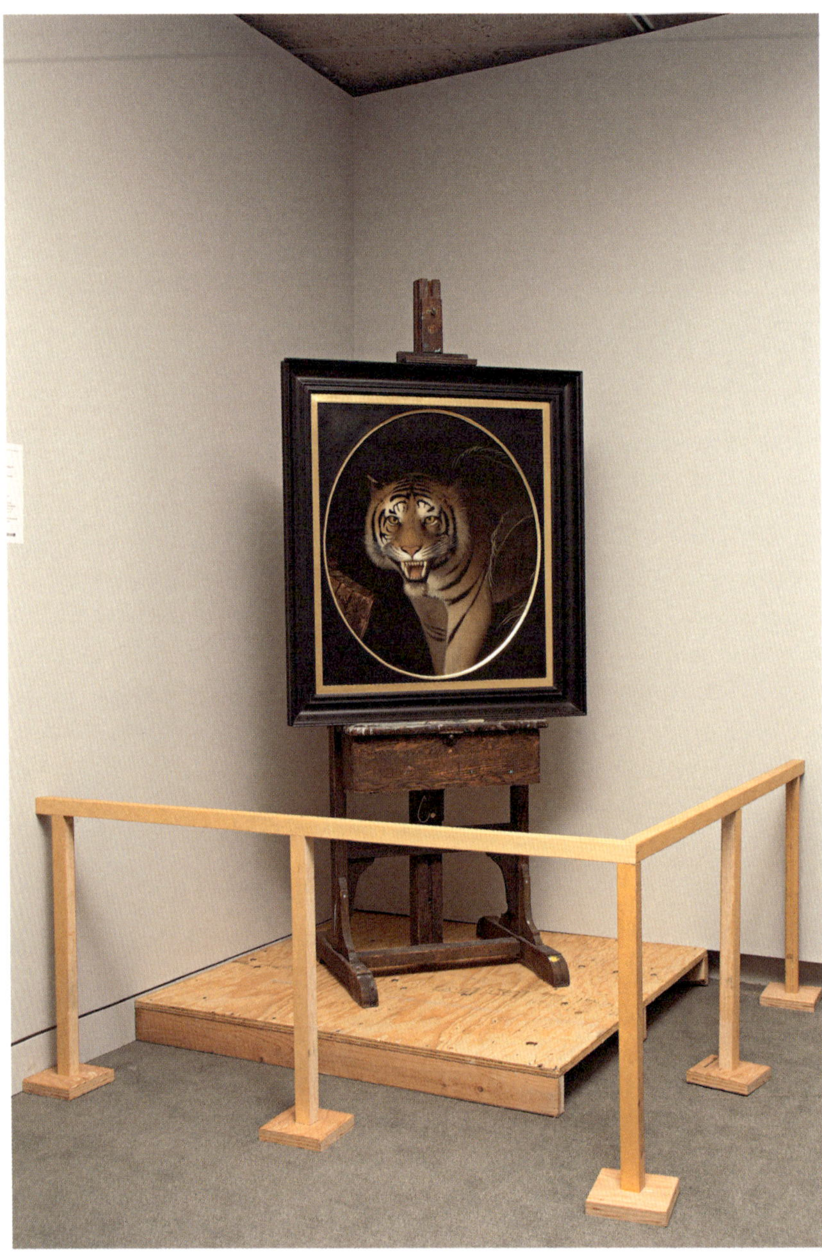

Mark Dion: *The Marvelous Museum: Orphans, Curiosities and Treasures*, 2010–11

upon which these disciplines are founded. He has exhibited his work in art museums and galleries, but also in natural-history museums and other institutions beyond the scope of the art world, and he has also created a number of permanent public projects.

Dion's artistic strategies can be related not only to his longstanding interest in nature but also to certain tendencies in the 1980s New York art world. He first encountered these tendencies as a student at the School of Visual Arts (1982–84) and the Whitney Independent Study Program (1984–85). At that time, New York was still the indisputable center of advanced contemporary art as well as critical reflection on art. Throughout the 1980s, the Whitney program exerted a major influence on theoretically minded art historians and artists and helped bring together young art students who wanted to learn about critical theory. (Among other things, Dion belonged to a reading group led by Craig Owens, one of the leading art critics of the day.) Above all, what dominated the discussion was the concept of postmodernism, which was understood as a critique of systems of representation and of dominant ideologies. The theoretical background was overwhelmingly European, the major influences being the "Frankfurt school" (Adorno, Benjamin) and French poststructuralism (Barthes, Foucault, Baudrillard, Derrida, and Lacan). This interest in European ideas was, in part, a reaction to the New Yorker Clement Greenberg's formalistic conception of modernism. While Greenberg's basic premises had been subject to criticism since the 1960s, his theory of modernism still held a respected position in the art world, and the American discussion of postmodernism found its direction largely by taking shape in opposition to Greenberg's ideas. According to an influential anthology of this period, the postmodern critique of representation took aim at "the function of cultural myths in representation, the construction of representation in social systems, and the perpetuation and function of these systems through representation."[2]

In Dion's case, this focus on mass media and the mainstream culture's construction of reality was expressed as an interest in the possibility of borrowing critical strategies from documentary film and photography. For the installation *I'd Like to Give the World a Coke* (1986) Dion arranged for the construction of an exact replica of the boardroom table at Coca-Cola's Atlanta headquarters – framed by the brand's iconic red color and the various types of Coke bottles on the market

– even as a world map illustrated Coca Cola's global reach. In *Toys 'R' U.S.* (1986) he created a half-chaotic children's room filled with typical products for children, such as Smurfs, breakfast cereals, cartoons, etc. – commercial products that can be said to colonize the childhood of American children.

As Dion points out in the above-cited quotation, some time passed before he was able to recognize that man's relationship to nature can also be subjected to a similarly critical and artistic investigation. From that time onward, his interest in nature and ecology was the fundamental theme of his art, along with a marked interest in the way in which museums display and organize their objects, especially the natural-history museums, with their vitrines and dioramas. His first projects were chiefly concerned with the extinction of vulnerable species and the environmental crisis viewed in relation to colonial history. According to Dion, his *Extinction-Series* (1989) was concerned with, among other things, the way in which "the current loss of biological diversity through extinction could be seen as a protracted effect of colonialism, the Cold War and "Band-Aid" development schemes". His installation; *Selections from the Endangered Species List (the Vertebrata), or Commander McBrag Taxonomist* (1989) dealt with the relationship between how natural science name and classifies species upon their "discovery," and the naming that takes place when the same species are dying out and are placed on the endangered species list.[3] Even though the focus of Dion's artwork – in this way – switched over to nature, or to "the culture of nature," it continued to be concerned with the critique of representation, based on the premis that our understanding of nature is invested with ideology.

Acquisitions and relocations

In a project that became important for his later work, Dion spent four weeks in the Venezuelan rain forest (*On Tropical Nature*, 1991). During this expedition, he collected natural objects in packing cases – soil samples, insects, plants, nuts, reptiles, and so forth – which were picked up every week by a boat that delivered them to the place in Caracas where Dion's work was included in the group exhibition *Arte Joven en Nueva York*. The members of the staff in Caracas decided how the contents of Dion's cases should be exhibited; he deliberately gave no special instructions in this regard. Dion entered the role, then, of the Western naturalist, who, driven by the desire for knowledge, ventured out into the unknown and exotic.

This material was further reworked by Dion at a New York gallery the next year, under the title *N.Y. State Bureau of Tropical Conservation*. Over the course of the exhibition, he continued to organize and conserve material until it consisted, in the end, of 157 marked and numbered finds. He had also collected examples of fruits, vegetables, and plants from vegetable markets along Broadway (*The Upper West Side Plant Project*), as well as fish and seafood from fish markets in Chinatown (*The Department of Marine Animal Identification of the City of New York*) – items that, in the same way, were analyzed, categorized, and conserved. During the exhibition he worked several hours a day in each of these three "offices," in an ambiguous parody of the labor of collecting and classification of which fieldwork in natural science consists. The whole business acquired the character of a performance in which the public could keep abreast of the way in which the collection gradually took shape, the way in which the shelves became filled with jars and glasses containing prepared finds, and the way in which the process itself became more important than the installations as physical objects.

Dion's manner of collecting materials from a given place and introducing them into an art gallery has strong connections to Robert Smithson and his groundbreaking art of the 1960s, which incorporated everything from geology, the physicists' concept of entropy, and science fiction to reflections about the museum as an institution and the minimalistic sculpture of that era. Particularly relevant is a series of works that Smithson called *Non-sites*, in which he created collections of stones and gravel from specific places in the landscape *(sites)*. Next, this mineral material was exhibited in geometrically formed cases in the art gallery or the museum *(non-site)*. These containers were presented in an orderly system that corresponded to a photo collage on the wall that depicted the same landscape and that showed where the materials in the various cases had been found. In these works, Smithson problematized the relationship between the art gallery and the world beyond.

In the sixties and seventies, Smithson and other artists of his generation helped establish a radicalized awareness of the gallery's "white cube" as a by no means neutral place; at the same time, they took the art out of the art institution and into the landscape in the form of so-called *land art*. This gave rise to artistic tendencies that have since been central to contemporary art such as "site specific art" and "institutional critique". While the concept of site-specificity in the art of the sixties was primarily understood in relation to physical location and institutional framing for artists of the 1980s such as Dion, it is associated, rather, with the discourse. The point of departure here is to a greater degree, a particular field of knowledge and not to a given place or institution.[4] In Dion's case this is the concept of nature and discourse about nature.

Deadly habitats

In the project *Concrete Jungle* (1993), which Dion carried out in collaboration with Alexis Rockman and Bob Braine, the artists took on the kind of animals we typically find in cities, specifically the so-called r-selected species – cockroaches, rats, pigeons, etc. Through their unusual survival skills, their rapid rate of reproduction, and their ability to occupy environments where the ecological balance is already disturbed by human activity, such species become a threat to biological diversity, and at the same time can also be carriers of disease. Dion's installations here consisted of piles of waste populated by stuffed animals, such as cats, rats, crows, and gulls. In a telling anecdote that appears in the catalogue, the artists talk about Eugene Schifflin, who in 1890 introduced forty pairs of European starlings to Central Park in New York, as part of a remarkable project of importing to America all of the bird species mentioned in William Shakespeare's dramas and sonnets. Over the course of several decades, this starling population spread to the entire North American continent and quickly became a threat to native bird species and agriculture.[5]

In the installation *The Library for the Birds of Antwerp* (1993), which Dion created for the Museum van Hedendaagse Kunst in Antwerp, he allowed eighteen live African finches to fly around freely in the circular exhibition space, in the center of which was a dead tree full of books, photographs, and various objects, including birdcages and bird traps. The tree stood there like a bleak *memento mori,* planted in a circular pool filled with soil and covered on the outside with ceramic tiles illustrated with pictures of exotic bird species. These birds originated from various parts of the sprawling commercial empire of which Antwerp had once been the center, and were therefore part of a colonial history that meant the extinction of many avian and other species. While the bird cages and traps in the tree alluded, not least, to the trade in exotic birds that began in the sixteenth century and that can still be found on Antwerp's bird market, the dead tree was an instant, somber warning of ecological disaster, a "tree of life" in reverse that formed a stark contrast to the live birds that filled the room. This perspective was emphasized by the naturalist literature that was stacked on the tree branches and testified to modern man's urge, as the self-appointed "lord of nature," to acquire systematic knowledge of nature.[6]

Excavations – Cabinets of curiosities

In the mid-nineties, Dion also made use of quasi-archeological working methods in his projects.[7] *History Trash Dig* (1995) was set in Fribourg, Switzerland, where Dion participated in a group show. He dug out soil from the bottom of a river valley right up to the old part of town that towers above the valley on a hill – an area where people for centuries have discarded their garbage and thrown things away. After transporting soil by wheelbarrow from the site to the gallery, Dion started to sift through the soil for objects, which were cleaned and then exhibited on a shelf which ran along the walls of the room. They included everything from porcelain shards to a heel of a shoe or a horse's jawbone. While it is essential in archeological digs to identify and distinguish among the various cultural layers to which the finds belong, Dion was preoccupied, rather, with bringing together objects from a wide range of time periods in a kind of historical contemporaneity.

For the Nordic pavilion at the 1997 Venice bienniale, Dion created a similar project, in which several tons of fetid mud from the bottom of one of the canals were thoroughly examined for objects. These items were duly cleaned and exhibited in a storage room, which was transformed into a small treasure chest containing broken glass, ceramics, and other things (*Raiding Neptune's Vault*, 1997). Dion carried out a more extensive project two years later in London under the aegis of the Tate Gallery (*Tate Thames Dig*, 1999). Together with a group of volunteers, he sought out finds along the banks of the Thames, on both sides of the river – in what is called Bankside, an area that has historically been the city's poorest neighborhood and where the new Tate Modern, at that time, was under construction in a renovated power station, and then in Millbank, one of the city's more posh districts, where Tate Britain is located. Owing to high and low tides, there were only a few hours a day during which the river banks were not covered with water. After an enormous number of objects and remnants were found, they were cleaned and classified in three large work tents, using all necessary equipment. One of these tents was open to members of the public who were interested in following the project. The group was also visited by archeologists from the Museum of London and researchers in various fields who delivered lectures and helped identify the objects, including the Thames River Police.

After being cleaned, the objects were roughly sorted out based on what kind of material they were made of – whether they were ceramic, glass, bones, shells, plastic, metal, etc. Objects from the two sites were kept apart from each other. Dion then worked out more nuanced categories in which to distinguish the finds from one another – everything from bottles, plastic toys, teeth, and credit cards to clay pipes, oyster shells, and so on. In short, things from very different time periods and designed for very different functions. As in the earlier excavation projects, Dion did not arrange his items according to the categories employed at an archeological dig. For example, the finds were not sorted out by time period; instead, old objects were placed alongside things from our own time, and worthless junk was displayed alongside rarities. This approach also governed the installation of items in the large, two-sided mahogany cabinet in which the finds were finally collected and exhibited, and which is now in the Tate Modern's collection. As in a large curiosity cabinet, the objects were arranged in a manner that was neither hierarchical nor chronological; they were, moreover, unmarked, leaving it up to the individual to imagine these objects' many possible stories and connections.

As mentioned, a consistent attribute of Dion's art has been his interest in the exhibition display and museological logic one finds in older museums of natural history, with their vitrines, cabinets, and dioramas. He is especially interested in the kind of pre-modern collection that is variously called a cabinet of curiosity or cabinet of wonder (or, borrowing from the original German, *Wunderkammer* or *Kunstkammer*). In a brief "Lexicon of Relevant Terms" he describes the cabinet of curiosity as "[a]ny of various cupboards or containers of collections, including room spaces, that flourished in Europe roughly between 1450 and 1750. These private collections, idiosyncratic in composition, were the predecessors to the rational museum…".[8] Natural objects and art objects were not distinguished from one another as in today's modern museums, where the difference between nature and culture is absolutely fundamental, as is the difference between crafts and autonomous fine art. Many of Dion's projects are about acts of gathering or excavation that find their final form in something resembling, indeed, a cabinet of curiosity, or in a quasi-museological collection.

In a number of other projects, by contrast, Dion has taken as his point of departure already extant museum collections that he reorganizes or from which he makes selections by employing approaches similar to those described above. He has done this with large and complex university collections, such as the ones at Ohio State University (*Cabinet of curiosity for the Wexner Center of the Arts*, 1997) and the University of Minnesota (*Cabinet of curiosity for the Weisman Art Museum*, 2001). He has also worked with the collections of a number of other museums, where he has sought to trace the forgotten histories and curious connections in those collections. Rather recently, he carried out a project at the Oakland Museum of California (OMCA) which resulted in the exhibition *The Marvelous Museum: Orphans, Curiosities and Treasures* (2010–11).[9] There he selected special objects from OMCA's extensive collections (which range from natural science to history and art), and installed them within the permanent exhibition of the museum's newly renovated art galleries. According to curator Rene de Guzman, Dion's installation involved "things that are outside the Oakland Museum's current collecting interests or are outside the domains of the Museum's three disciplines, but have nonetheless remained in our possession. (…) diverse specimens and artifacts (a baby elephant, a 'Picture of Man with Unkempt Hair,' a Victorian birdcage, currency of the Island of Yap)…".[10] In order to address the work that goes on behind the scenes at a museum, Dion also installed three typical work tables for museum curators: one that would have been used by a nineteenth-century naturist, another that would have been used by a 1970s historian, and one used by a curator dealing with contemporary art like Guzman himself. In a somewhat secluded part of the exhibition there was also an installation that resembled a storage space and that contained a wide range of objects from the collection, half-unpacked from their cases or stored on shelves.

In this project Dion's fieldwork was concerned with studying a widely varied museum collection, especially objects in it which, as a consequence of current collecting interests, had been "orphaned," as it were, and thus rendered apparently irrelevant. As we have seen, the distinctive cultural habitats of museums, the natural environment, and the earth's deposits of material culture from earlier times have all been the objects of his intensive and fascinated investigations. With reference to one of Michel Foucault's major works, one might say that the fundamental theme of Dion's art has been "the order of things" – if you include the natural world under the category of "things." As a theoretician and historian Foucault was interested in how language and scientific discourse give meaning to, and systematize, phenomena. In a similar way, Dion investigates our understanding of nature and culture, in playful and artistic language. Dion has thus contributed to our understanding of our own culture's interaction with the natural world, its insatiable search for knowledge, its wanton exploitation of nature, and its ephemerality.

1. Quoted from "Interview: Miwon Kwon in conversation with Mark Dion", in *Mark Dion*, (London, Phaidon Press, 1997), 8–9.
2. Brian Wallis, "Introduction", in *Art after Modernism: Rethinking Representation* (New York: The New Museum of Contemporary Art, 1984), xiii.
3. "Interview" in *Mark Dion* (1997), 10 and 16 respectively.
4. Cf. Miwon Kwon: "…the distinguishing characteristic of today's site-oriented art is the way in which the art work's relationship to the actuality of a location (as site) and the social conditions of the institutional frame (as site) are both subordinate to a *discursively* determined site that is delineated as a field of knowledge…", in *One Place After Another* (Cambridge, Massachusetts: The MIT Press, 2002), 26.
5. Catalog *Concrete Jungle. Mark Dion, Alexis Rockman, Bob Braine* (Ezra and Cecile Zilkha Gallery, Center for the Arts, Wesleyan University, Middletown, Connecticut, 1993); and Mark Dion, Alexis Rockman (eds.), *Concrete Jungle. A pop media investigation of death and survival in urban ecosystems* (New York: Juno Books, 1996).
6. Cf. Norman Bryson, "Mark Dion and the Birds of Antwerp," in *Mark Dion* (1997).
7. A number of these digs were discussed in Alex Coles and Mark Dion (eds.), *Archaelogy* (London: Black Dog Publishing, 1999).
8. In catalog Mark Dion (ed.), *Natural History and Other Fictions. An Exhibition by Mark Dion* (Ikon Gallery, Birmingham; Kunstverein, Hamburg; De Appel Foundation, Amsterdam, 1997), 56. See Also Carolyn Gray Anderson, "Ignotum per ignotius or The Wunderkammer-Logic of Natural History," in the catalog *Die Wunderkammer* (K-raum Daxer, Munich, 1993)
9. Cf. Colleen Sheehy, *Cabinet of Curiosities: Mark Dion and the University as Installation* (University of Minnesota, 2006) and catalog *The Marvelous Museum. Orphans, Curiosities & Treasures: A Mark Dion Project* (San Francisco: Chronicle Books, 2010). For the Wexner Center he also made a small artist's book with a series of old prints of cabinets of curiosity: Mark Dion, *Theatrum Mundi* (Salon Verlag, 1997).
10. Rene de Guzman, "Time Machine," in *The Marvelous Museum* (2010), 11.

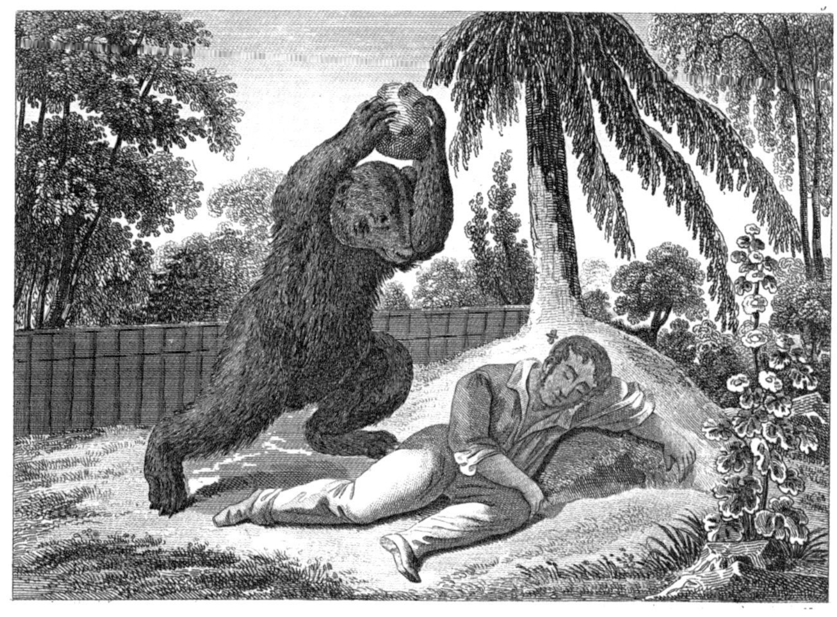

19th century engraving from Mark Dion's collection

DAG O. HESSEN

Kultur over natur – eller omvendt

I praktisk talt hele menneskets historie har vi levd «i pakt» med naturen. Denne pakten var imidlertid ingen romantisk allianse, det var snarere slik at vi var underlagt de samme harde og stundom brutale livsvilkår som alle andre arter – i en daglig kamp for å overleve. I en tilværelse prisgitt naturens luner var det høyst forståelig at selve det menneskelige prosjekt forflyttet seg fra primært å dreie seg om overlevelse til å forsøke å få kontroll over naturen. I stedet for å være prisgitt flom og tørke bygget mennesket etter hvert vanningsanlegg; vann, ild og dyr ble temmet. Vi begynte å dyrke vår mat, bedre våre boliger, smi bedre våpen, brenne kull … I løpet av de siste 10 000 år har vi i imponerende grad nådd målet om herredømme over naturen, og en naturlig neste fase i det menneskelige prosjekt ble å kontrollere naturen i mennesket, å heve oss over det «dyriske». Det ble viktig å danne en forestilling om mennesket som vesensforskjellig fra alt annet liv, med en gudgitt rett til å herske over alt annet. Faktisk fikk vi en forestilling om at alt i naturen simpelthen *var til for oss*, og vi ga oss selv uinnskrenkede rettigheter.

«Seieren over naturen» viste seg imidlertid å være verken fullstendig eller evig. Det har i økende grad blitt klart at vi slett ikke har oppnådd noen varig kontroll med sykdomsorganismer og naturkrefter, og selv om noen problemer ble løst, dukket andre opp. Der antibiotika syntes å gi en endelig kontroll, dukket antibiotikaresistente mutanter opp, og mikrobene vender stadig tilbake med nye og blankpussede våpen. Der vi vant seire på én front med for eksempel sprøytemidler, dukket ikke bare motstandsdyktige insekter, sopp og «ugress» opp, det viste seg også at sprøytemidlene ble oppkonsentrert i næringskjeder og rammet andre mål enn dem som var tiltenkt. Og selv klimaet kan vi ganske visst påvirke, men ikke kontrollere.

Samtidig har det vist seg at naturen på andre måter er mer sårbar enn man kunne forestille seg da de menneskelige sivilisasjoner var som små øyer i en uendelig villmark. I løpet av mindre enn hundre år, en brøkdel av vår historie, har scenen endret seg. Uberørt natur er henvist til reservater, og det er ikke lenger mennesket som behøver å beskytte seg mot naturen, men omvendt. Eller er det snarere vi som må beskytte oss mot oss selv? Vi går inn i en periode som mange mener bør døpes *anthropocene* – direkte oversatt *menneskets tidsalder*, en geologisk epoke som mer enn noe vil bære et menneskelig fotavtrykk.

Naturen i mennesket gir øyeblikkets gleder forrang over de langsiktige valg. Det er summen av vår kortsiktighet og vårt forbruk som for alvor er i ferd med å endre livsbetingelsene på jorden. Vi er i stand til å overgjødsle innsjøer og hav, forsure land og vann, bryte ned ozonlaget, tilføre selv de arktiske økosystemer foruroligende mengder miljøgifter, hugge ned regnskoger, ødelegge korallrev – kort sagt utarme natur i et enormt omfang og utrydde et ukjent antall arter på usannsynlig kort tid. Og mest bekymringsfullt av alt: Vi viser oss i stand til noe som lenge syntes å være utenfor selv den menneskelige rekkevidde, nemlig å endre klimaet på kloden – med helt uante konsekvenser.

Vi er ikke verre enn andre organismer, og det er ikke slik at mennesket er ondt og naturen god. Det er bare det at vi er litt for smarte, men litt for lite kloke. Problemene for miljøet – og dermed oss selv – skyldes vår adferd; vårt forbruk kombinert med det faktum at vi er blitt *veldig* mange. Jordens befolkning blir 7 milliarder i år (2012) og vil trolig passere 9 milliarder omkring 2050, for så å flate ut et sted i nærheten av 10 milliarder.

Det karakteristiske for den menneskelige vekst er at den har vært eksponentiell, altså at veksttakten har vært økende. For 2000 år siden, da vi hadde eksistert som *Homo sapiens* i nær 200 000 år, var vi fortsatt bare 0,3 milliarder, og det er først de siste 500 årene at veksten har tatt helt av. Parallelt med dette har vårt konsum økt, særlig i Vesten, og det er dette som gjør at vi ikke bare legger beslag på stadig mer av klodens ressurser, men også produserer stadig mer avfallsprodukter. CO_2 er i dag åpenbart det mest truende, selv om det verken er giftig eller kunstig. Og plotter vi en kurve over CO_2-utslippet de siste 100 årene, vil vi se at den følger samme mønster som den menneskelige befolkningsvekst. I dag har vi nesten en dobling av det «naturlige» nivået. Så høy har konsentrasjonen av CO_2 trolig ikke vært på over 50 millioner år, og vi er definitivt på vei inn i *terra incognita.* Veldig mye ved mennesket skaper kurver i bratt vekst, men som en konsekvens av dette peker noen kurver nedover.

Isbjørnen, pattedyrenes suverene hersker på toppen av globusen og næringskjeden – om vi da ser bort fra oss selv – har med god grunn blitt selve symbolarten på naturens sårbarhet, selv lengst borte fra de menneskelige bosettinger. Dette mektigste av landdyrene, verdens største landlevende rovdyr, som behersker klodens mest ubeboelige område, er dobbelt sårbar. Ikke lenger på grunn av jakt, men på grunn av opphopning av miljøgifter og smelting av det arktiske isdekket. Selv om vi rett nok har redusert utslippene av mange miljøgifter, sirkulerer det fortsatt store mengder av disse stoffene i økosystemene, mange har lang holdbarhet, og noen nye har også kommet til. Havstrømmer, og i enda større grad luftstrømmer, bidrar til at en uforholdsmessig høy konsentrasjon av sprøytemidler og andre organiske miljøgifter hoper seg opp i Arktis og konsentreres oppover i næringskjedene – til isbjørnen. Samtidig er tapet av is i isbjørnens rike dramatisk. Da isdekket i Arktis nådde sitt minimum høsten 2011, tangerte det bunnrekorden fra 2007. Det var da ufattelige 2,43 millioner kvadratkilometer mindre isutbredelse enn gjennomsnittet for 1979–2000. Det er grunn til å frykte at all sommeris er borte fra polhavet innen 2050 – og hva da, *Ursus maritimus?*

Når det gjelder isbjørnens nære slektning brunbjørnen, kan vi si at situasjonen er under kontroll på en ganske annen måte. Det er anslått at vi nå (2012) har 166 brunbjørner innenfor Norges grenser, 53 hunner og 113 hanner. Vi har full kontroll med denne bestanden, og vi holder den på dette nivået. Det vil si at det er temmelig nøyaktig 30 000 personer per bjørn her til lands. For 150 år siden var forholdstallet ca. 500 (da hadde vi anslagsvis 3000 bjørner her til lands). Nå har bjørnen alltid blitt møtt med en viss sympati, som den godslige av de store rovdyrene våre, mens ulven er et hatobjekt for mange. De om lag 30 ulvene som regnes som norske, er imidlertid også under kontroll, nøye overvåket og regulert, ikke ulikt fanger med elektronisk fotlenke. Ja visst, de tar fortsatt sau, men som art er ulven, i likhet med jerven, gaupa og bjørnen, definitivt «temmet».

Vi har kort sagt på mer enn én måte vunnet en pyrrhosseier over naturen. Vi har på ett nivå trukket naturens tenner og klør, mens vi på et annet er prisgitt naturens luner. Naturen selv tar siste stikk, skjønt vi skal ikke glemme at denne naturen er interesseløs. At «naturen tar hevn», er derfor en meningsløs formulering, selv metaforisk. Vi er nok mer natur og mindre kultur enn vi liker å tro. Vårt forhold til naturen dreier seg ikke bare om *mennesket i naturen,* det dreier seg også om *naturen i mennesket.* Vi kan intellektuelt erkjenne betydningen av å sikre kommende generasjoner – ikke bare mennesket, men også alle andre arter – gode livsvilkår på denne planeten i overskuelig framtid. Våre handlinger er fortsatt i høy grad en arv fra den tiden naturen var endeløs, ressursene uendelige og menneskene få. Vi er evolusjonært meislet ut til en livsstil som ikke tar inn over seg de dramatiske endringene i styrkeforholdet mellom natur og menneske. Enhver art kan underminere sitt livsgrunnlag ved at enkeltindividenes kortsiktige egeninteresser overskygger fellesskapets langsiktige interesser – dette er essensen av *allmenningens tragedie.* Det spesielle med vår art er imidlertid at dette ikke bare angår oss selv, men alt annet liv. I tillegg kan vi se oss selv utenfra og erkjenne vår posisjon gjennom tanker, tekst og kunst. Det er viktig å huske at det ikke foreligger noen interessekonflikt mellom natur og menneske, fordi det som gagner naturen på sikt, gagner oss selv. Tiden er derfor inne for en utvidet etikk som ikke bare omfatter «din neste som deg selv» i nåtid, men en større krets i tid og rom: våre etterkommere – og andre arter.

Vi er etter alle kriterier natur, og fysiologisk eller evolusjonært er det ikke noe særskilt ved oss, annet enn en påfallende stor hjerne utstyrt med pannelapper som gir oss erkjennelsens og selvrefleksjonens gave. Vi ser vår egen individuelle og kollektive undergang uten å kunne gjøre så mye med det.

Alene under stjernehimmelen – helst på fjellet – er det lett å få den paradoksale følelsen av å være liten og ubetydelig i kosmos, men også en dyp følelse av storhet og *tilhørighet.* Det dreier seg om en dimensjon ved livet som bare kan oppfylles *der ute,* aller helst *der oppe,* og det spiller ingen rolle om den har en biologisk eller kulturell begrunnelse. Det er en følelse av liv, men også forgjengelighet, som bare fullt ut kan gripes ved erkjennelsen av at vi *hører til.* Bjørn og menneske er på hver sin måte herskere blant pattedyr, men samtidig sårbare ledd i den samme broderkrets av liv.

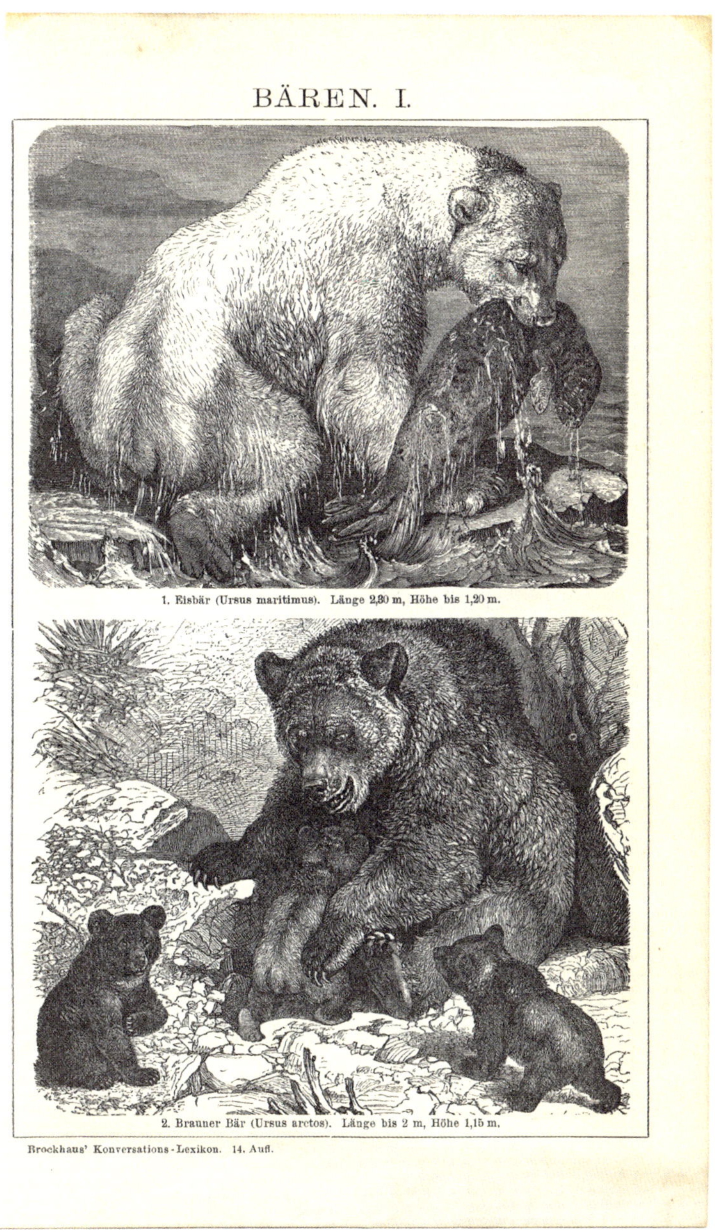

19th century engraving from Mark Dion's collection

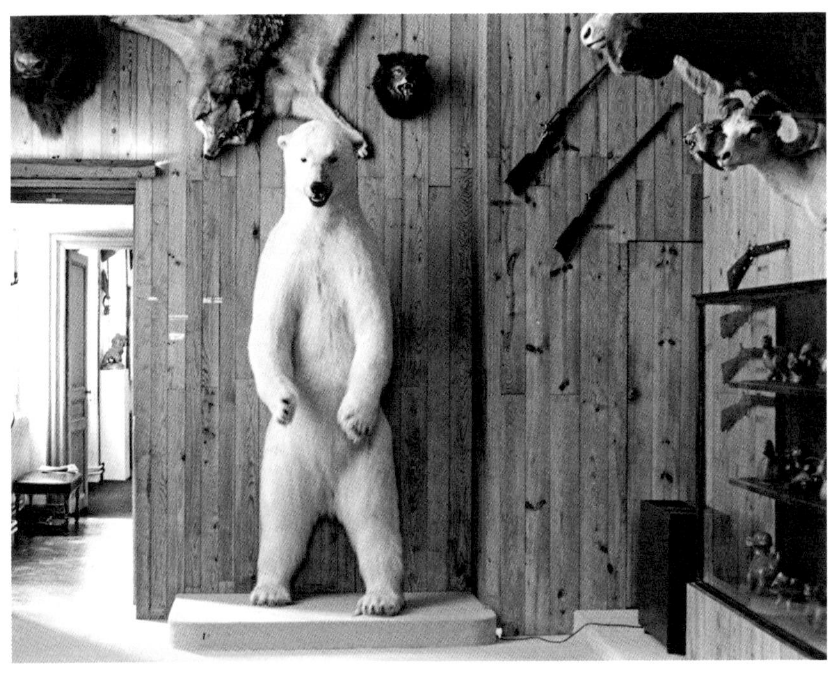

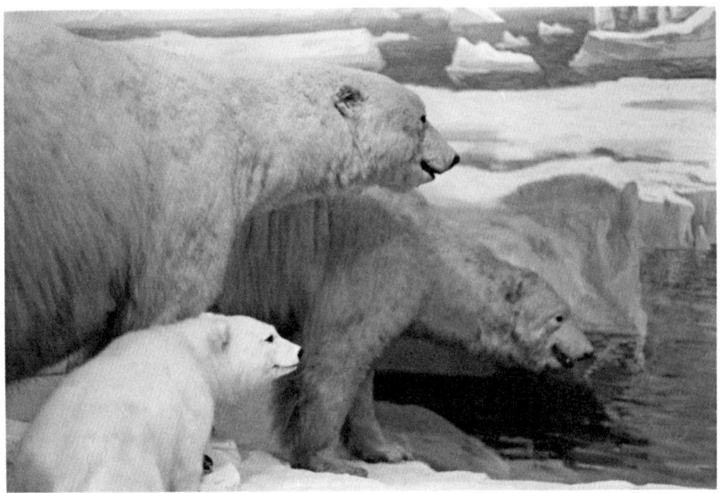

Mark Dion, *Ursus maritimus, Museé de la Chasse et de la Nature, Paris*, 1990
Mark Dion, *Ursus maritimus, Naturhistorisches Museum, Bern*, 1990

114

DAG O. HESSEN

Culture over Nature – or Vice Versa

For practically all of human history, we have lived "in harmony with" nature. This harmony, however, was no romantic alliance; it was rather the case that we were subject to the same harsh and sometimes brutal living conditions as all other species – in a daily struggle for survival. In an existence at the mercy of the whims of nature, it was thoroughly understandable that the essence of the human project shifted from survival to control of nature. Fires and animal were tamed; irrigation systems were built to prevent floods and droughts. We began to grow our food, improve our housing, forge better weapons, burn coal. During the last ten thousand years, we have, to an impressive degree, achieved dominion over nature, and the natural next phase of the human project was to control human nature, to lift ourselves up above the "bestial." It became important to form a conception of man as essentially different from all other life, with a God-given right to reign over everything else. In fact, we got the idea that everything in nature was simply there for us, and we gave ourselves unlimited rights over it.

"The victory over nature," however, turned out to be neither complete nor eternal. It has become increasingly clear that we have not even achieved any lasting control of disease-causing organisms and the forces of nature, and even as some problems have been solved, others have arisen. Where antibiotics appeared to provide a lasting solution to infection, antibiotic-resistant mutants appeared, and microbes keep coming back with shiny new weapons. Where we won a victory on one front with, for example, pesticides, resistant insects, fungi, and "weeds" materialized, and it turned out, moreover, that high concentrations of the pesticides had found their way into our food chains and were doing their powerful work against targets other than those for which they had been intended. As for the climate, we can certainly influence it, but not control it.

At the same time, it has proven to be the case that nature is, in other ways, more vulnerable than one would have imagined when human civilizations were rather like small islands in an endless wilderness. In the course of less than a hundred years, a mere fraction of our history, the picture has changed dramatically. Untouched nature is relegated to reservations, and it is no longer people who need to be protected from nature, but the other way around. Or is it, rather, that we must protect ourselves from ourselves? We are entering a period that many people think should be called the *anthropocene* – in other words, the age of man, a geological epoch during which the world will be affected by the human footprint more than by anything else.

It is in the nature of man to accord momentary pleasures precedence over long-term choices. Our shortsightedness and our consumption are seriously changing living conditions on Earth. We are able to overfertilize lakes and oceans, to despoil the land and the water, to break down the ozone layer, to poison the Arctic ecosystems with disturbing amounts of pollutants, to cut down rain forests, to destroy coral reefs – in short, to deplete nature on an enormous scale and exterminate an unknown number of species in a surprisingly short time. And most worrisome of all, we have shown ourselves to be capable of something that was long thought to be beyond the capability of man: we are in the process of changing the global climate – with entirely unimaginable consequences.

We are not worse than other organisms; it is not the case that man is evil and nature is good. It is just that we are at once a bit too smart and not quite wise enough. The problems facing the environment – and thus facing us – are caused by our conduct, our consumption combined with our sheer numbers. In 2012 our numbers reached seven billion, and will probably hit nine billion around 2050, before flattening out somewhere around ten billion.

What has characterized human growth is that it has been exponential – in other words, the rate of growth itself has risen. Two thousand years ago, after we had existed as *Homo sapiens* for nearly 200,000 years, we still numbered only 300 million. Not until 500 years or so ago did growth totally take off. During this period, consumption has risen, especially in the West, and this is why we not only consume more and more of the planet's resources, but also produce more and more waste products. Today, CO_2 is obviously the most threatening, even though it is neither poisonous nor artificial. If we plot a curve of the production of CO_2 over the past 100 years, we will see that it has followed the same pattern as human population growth. Today we have experienced a near doubling of the "natural" level of CO_2. The concentration of CO_2 has probably not been so high in over fifty billion years, which means that we are definitely on the way into *terra incognita*. Humanity has a number of attributes that result in sharp growth curves, but as a result of this growth, some other curves trend downward.

The polar bear, the king of the mammals, at the top of the globe and of the food chain – ourselves excluded – has, with good reason, become the very symbol of nature's vulnerability, even though it lives as far as possible from human settlements. This most powerful of land animals, the world's largest land predator, who is the undisputed master of the most uninhabitable part of the globe, is doubly vulnerable. No longer because of hunters, but because of the accumulation of pollutants and the melting of the Arctic ice sheet. Even though we have, to be sure, reduced the emission levels of many hazardous substances, substantial amounts of these materials are still in circulation; many remain in the ecosystems for a long time; and some new contaminants have also entered the picture. Ocean currents, and, to an even greater extent, air currents, have contributed to the build-up of a disproportionately high concentration of pesticides and other organic toxins in the Arctic, where they become increasingly concentrated as you move up the food chain, at the top of which are the polar bears. At the same time, the loss of ice in the realm of the polar bear has been dramatic. When the Arctic ice sheet reached its minimum extent in the autumn of 2011, it equaled the record low of 2007. At that time the extent of the ice was an unbelievable 2.43 million square kilometers less than the average for 1979–2000. There is reason to fear that all the summer ice will be gone from the Artic Ocean by 2050 – and what will become then of *Ursus maritimus*?

As for the polar bear's close relative, the brown bear, we can say that the situation is under control in a somewhat different way. It is estimated that as of 2012, there are 166 brown bears within the borders of Norway – 53 females and 113 males. We have full control over this population and are holding the population at this level – namely, at about 30,000 people per bear. A hundred and fifty years ago, when Norway's brown bear population was about 3000, there were about 500 people per bear. While many people have contempt for wolves, the bear has always been viewed with a certain sympathy: of our large carnivores, they are considered the good-natured ones. The 30 or so wolves that are considered Norwegian are, however, under control, carefully monitored and regulated, not unlike prisoners with electronic ankle monitors. Yes, they still kill sheep, but as a species, the wolf, like the wolverine, lynx, and bear, is definitely "tamed."

In more than one sense, then, we have won a Pyrrhic victory over nature. For if, on one level, we have pulled nature's teeth and claws, on another level we are at the mercy of nature's whims. Nature itself has the last word, though we must not forget that nature is disinterested. That "nature is taking its revenge" is therefore a meaningless formulation, even metaphorically. We are probably more nature and less culture than we like to think. Our relationship to nature is not just about *man in nature;* it is also about *nature in man.* We can intellectually recognize the significance of ensuring that generations to come – not just of humans, but of all other species – enjoy good living conditions on this planet for the foreseeable future. Our actions are still, to a great extent, directed by ways of thinking that date back to a time when nature was endless, resources unlimited, and human beings few in number. Evolution has bequeathed us a way of life that has not been altered by the dramatic changes in the relative strength of man and nature. Any species can undermine the foundations of its own life if individuals' shortsighted self-interest overshadows the long-term interest of society as a whole – this is the essence of the human tragedy. What is special about our species, however, is that this does not just concern us, but all other life. In addition, we can view ourselves from outside and acknowledge our position in thoughts, texts, and works of art. It is important to remember that there is no conflict of interest between nature and man, because what benefits nature also, in time, benefits us. The time has come, therefore, for an enhanced ethics that does not just involve treating "your neighbor as yourself" in the present, but that broadens this concept in time and space to include both our posterity and other species.

We are, according to all criteria, a part of nature, and physiologically and evolutionarily there is nothing special about us, aside from a strikingly large brain equipped with a frontal lobe that provides us with the gifts of cognition and self-reflection. We can perceive our own individual and collective downfall without being able to do very much about it.

Alone under the starry sky – especially on a mountaintop – it is easy to experience a paradoxical combination of emotions: one the one hand, one can feel small and insignificant in the cosmos; on the other hand, one can also feel a deep sense of greatness and of *belonging*. What we are talking about here is a dimension of life that can only be fulfilled *out there*, preferably *up there*, and it does not matter if it is biological or cultural in origin. It is a feeling of life, but also of impermanence – a feeling that can only be fully grasped through the recognition that we *belong*. Bear and man are masters among the mammals, each in his own way; but both, at the same time, are also vulnerable members of the same circle of life.

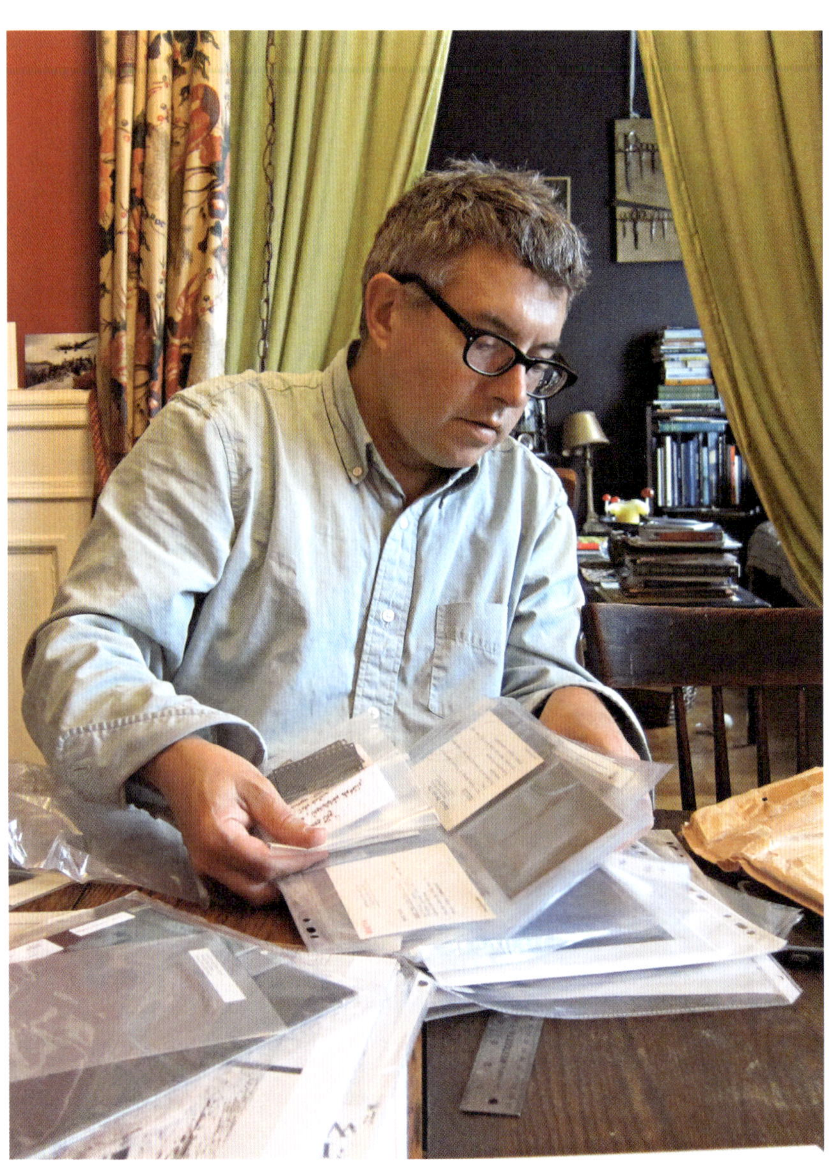

Vi har brødrister, men ingen bjørn

SVEIN: Kan du beskrive hvordan du opplevde Aurlandsfjellet og området rundt?

MARK: Det er først og fremst et storslått og praktfullt naturskjønt område. Breene, fjellene og fjordene tar pusten fra en første gang en ser dem. Området virker enormt og goldt ved første øyekast, som et ribbet og nakent miljø. Men hvis en skifter fokus fra det gigantiske til miniatyrnivået, ser en at dette er et område med et bemerkelsesverdig mangfold av planter, lavarter og insekter. Slik er det rikt både fra et mikrokosmisk og et makrokosmisk ståsted. Det er et barskt landskap. Da du, Dana [Sherwood-Dion], og jeg besøkte stedet for første gang, var det fortsatt snø på bakken, og det var i august. Det ligger over tregrensen og er bart, og jeg var svært bekymret for å ødelegge dette flotte landskapet ved å lage et kunstverk som kunne komme til å temme det.

SVEIN: Ditt første forslag var å lage det vi i Norge kaller en gamme, en hytte av torv eller jord, som ville bli plassert et stykke ut på området og omringe installasjonen. Hvor kom denne idéen fra?

MARK: Når jeg tenker på Norge, blir jeg mer dratt mot norrøn mytologi og naturverdenen enn mot landets moderne levesett. Norges fortid og landets naturdyrkelse er så fremtredende, og dette er kanskje en fordom. Men det å tenke på fortiden får meg til å tenke på bjørner og ulver, og jeg føler at de mangler i landskapet; de er manglende deler i et komplisert puslespill. Jeg tror også at bjørnen eksisterer i et interessant veiskille mellom det menneskelige og det naturlige. Tanken om at tidlig menneskelig arkitektur og bjørnehi har formelle likheter, er også en referanse, slik som også idéen om hulen som en inngangsportal til underverdenen er det. Idéen om underverdenen, en verden inne i verden, er et svært viktig element i norrøne myter. Disse elementene – naturhistorie, økologi, mytologi og fremstillingen av naturen – var alle med på å forme prosjektet.

SVEIN: Men har dette utspring i det du opplevde da du kom til området, eller er det basert på ting du allerede visste? Sier installasjonen noe om din opplevelse av området?

MARK: Prosjektet mitt er en kombinasjon av flere ting: Det er en respons til stedet og tilstandene der, og også idéer om bjørner, fremstillingen av naturen og nordisk kultur. Min metode innebærer å komme til et sted og la stedet fortelle meg hva jeg skal gjøre, men jeg kommer dit også med min bagasje – samlingen av idéer jeg har utviklet over 25 år, og mitt intellektuelle engasjement for naturdyrkelsens historie. Én idé som er sentral i mine verk, er hvordan bjørnen kan fungere som en allegori for begrepet om det ville. De personifiserer vill natur på så mange måter, for eksempel finner du ikke mennesker der hvor bjørnene er. De er sterkere enn oss, men vår kultur kan enkelt kue og utrydde dem. En gang måtte vi beskyttes fra dem, og nå må vi beskytte dem. Dette har mye å gjøre med Aurlandsfjellet som landskap. Å krysse et landskap med bjørner er svært forskjellig fra å krysse et uten. Aurland er et vilt landskap som mangler noen av villmarkens ingredienser, som for eksempel bjørnen.

SVEIN: Lars Berge, arkitekten som designet gangveien opp til området, foreslo etter en tid at vi skulle åpne grunnfjellet og lage en grotte. Hva synes du om denne endringen?

MARK: Lars Berges prosjekt var et betydningsfullt arbeid som formidlet hvordan en kunne fremstille et element i landskapet uten i større grad å spolere opplevelsen av stedet. Han lagde et omtenksomt og vellykket stykke funksjonell arkitektur, og jeg passet på ikke å ødelegge det med mitt eget prosjekt. Lars jobbet for å forsikre seg om at de to verkene ikke stod i motsetning til hverandre, eller ville komme til å overskygge hverandre. Han forsto målet med og rekkevidden av *Den* fra starten av, og selv om vi har ulik følsomhet, jobbet han hardt for å skape en situasjon hvor verkene våre kunne eksistere side ved side og på en produktiv måte fremheve hverandre. Innspillene hans var svært nyttige, og han la frem flere gode idéer til og løsninger av situasjonen.

SVEIN: Du har flere ganger brukt bjørner i installasjonene dine. Har bjørnen en spesiell betydning?

MARK: Bjørnen er et dominerende motiv og tema i verkene mine, siden den er synonym med begrepet villmark, tanken om at det finnes steder som ikke er fullstendig dominert av menneskelige agendaer, menneskelige strukturer, menneskelige landskaper og menneskelige bestemmelser. Jeg begynte å arbeide med bjørner, eller jeg burde si idéen om bjørner, på slutten av 1980-tallet, siden dette var et vendepunkt i miljøkrisen da de siste av naturens ytterkanter, de frosne arktiske områdene og de tropiske skogsområdene, ble sterkt truet. Det ene stedet er kjent for sitt ekstraordinære mangfold, det andre for sitt nedskårede økosystem, begge steder har alltid vært sett på som ville og ugjestmilde, ikke som sårbare og truede. Noe dramatisk hadde endret seg når det gjaldt omfanget av menneskenes påvirkning på planeten, det var nærmest ikke et uberørt sted igjen.

SVEIN: Jeg er av den oppfatning at du er en historieforteller, og at du gjennom *Den* først og fremst forteller en historie om ditt forhold til naturen. Stemmer dette, og kan du si noe mer om det?

MARK: Du har rett i at det er et sterkt fortellende element i verkene mine, så vel som noe teatralsk, didaktiske elementer og en teoretisk tilnærming. Å fortelle historier med og om dyr er noe jeg deler med et stort antall kunstnere helt tilbake til kunstens begynnelse. På samme tid som jeg ønsker å engasjere seeren gjennom en viss kreativitet, vil jeg ikke ta i bruk illusjoner eller lureri. For eksempel er hulen i *Den* mer et «diorama av et diorama» enn en overbevisende naturalistisk scene. Teamet mitt og jeg kunne laget noe som lignet mer på en naturlig hule, men i stedet laget vi noe mytisk og fantasifullt. Bjørnen er selvsagt en hovedperson i fortellingen, og publikum kommer inn i historiens midtdel, og det er opp til dem å konstruere begynnelsen og slutten av historien.

SVEIN: Installasjonen på Aurlandsfjellet peker i retning av museumsdioramaer eller installasjoner hvor en iscenesetter teaterlignende biotoper av utstoppede dyr. Hva slags betydning har denne forbindelsen til museer i verkene dine? Det ser ut til å være en klar kommunikasjon mellom ditt språk og museumsspråket, det akademiske språket brukt i eksponering og utstilling av naturen gjennom tablåer.

MARK: Så lenge jeg kan huske, har jeg vært fascinert av naturhistoriske museer. De er sentrale for forståelsen av naturens plass i et hvilket som helst samfunn og uttrykker noen svært komplekse idéer om hvordan en kan fortelle historien om naturens verden gjennom en samling av fysiske gjenstander. På samme tid kan de være selve legemliggjørelsen av den offisielle historien: av hva som får representere naturen på et bestemt tidspunkt for en bestemt gruppe mennesker, og slik kan de være gjennomsyret av ideologier og makt. Jeg føler likevel et slektskap med museets mål om opplysning, i og med at dette er et sted folk kommer for å få kunnskap om og kontakt med ting – med en materiell kultur. Dette er ikke så veldig ulikt det jeg anser for å være mine mål som skulptør, en som bruker verdens materialer for å kunne snakke om komplekse idéer om naturen. Disse museene er dristige i sitt omfang: De representerer universets historie og forteller hvem vi er, og hvordan vi kom hit. Hvis en ser bort fra kirken, hvilke andre institusjoner forsøker noe så storslått? Dioramaet er en av de mest vellykkede utstillingsteknologiene til de naturhistoriske museene. De gir vanligvis uttrykk for et idealisert syn på naturen, som et naturparadis før menneskeheten satte sitt spor der. Vår fremstilling står i motsetning til dioramaspråket ved at den ikke bare anerkjenner at menneskets kultur er til stede, men også gir utløp for en antropomorf projeksjon.

SVEIN: Jeg har et spørsmål om fuglekikkerstasjonene og jakttårnene du har laget. Hva ønsker du å si gjennom disse tingene, som fremstår som funksjonelle uten å være det?

MARK: Mange av disse, særlig fugleskjulene, feltstasjonene og klubbhusene er funksjonelle. Folk bruker dem til det de er ment å bli brukt til og er modellert etter. Jakthyttene er ikke funksjonelle på den måten at noen kommer til å drepe dyr der. Jeg ser alle i sammenheng med den historiske arkitekturen til de kunstige ruinene en bygget i hagene under romantikken. De er mindre praktiske, mer diskursive. De skaper mening ved å utvikle en situasjon, en opplevelse. På denne måten ligner de skulpturer av arkitektonisk størrelse.

SVEIN: Tematisk kan du være ganske direkte og klar i verkene dine – jeg tenker for eksempel på måten vi behandler dyr og naturen på. I *Tar and Feathers* henger du for eksempel fugler og dyr opp etter halsen fra et dødt tre, og hele greia er dekket av olje. Samtidig lager du kunstverk om jakt. Dette kan virke som en selvmotsigelse?

MARK: En vil helt klart kunne finne en mengde motsetninger i verkene mine. De mange idéene om naturen er tross alt rike på motsetninger og konflikter. Jeg setter ofte ord på standpunkter som er sentrale i diskusjonen rundt naturen, men de er ikke nødvendigvis mine egne standpunkter. Dette er ikke ulikt det som skjer når en forfatter snakker gjennom en karakter. Vi antar ikke at karakteren uttrykker forfatterens meninger. Noen ganger uttrykker jeg meg som en jeger, eller forsker, uten faktisk å være det, jeg forsøker bare å uttrykke deres posisjon i verket. Noen ganger er jeg ironisk, andre ganger direkte eller pedagogisk. Det er opp til betrakteren å bedømme hva som er tilfellet. Hvis du har fulgt min kunstneriske praksis lenge nok, kan du se et ganske klart uttalt standpunkt. I prosjektet *Concerning Hunting* var målet mitt å skape en utstilling som gikk en balansegang mellom to radikalt ulike grupper. Jeg ville at både jegere og antijaktgrupper skulle se utstillingen og konkludere med at den støttet opp om deres verdenssyn. Dette var et merkelig og spennende eksperiment, og stort sett fungerte det.

SVEIN: Jeg føler en viss sorg når jeg ser verket *Tar and Feathers*. Det får meg til å betrakte naturen som noe som forringes. Stemmer det?

MARK: Melankolien er den mest fremtredende tonen i verkene mine, men den blir ofte dempet av humor og skjønnhet. Den gjennomgående pessimismen og melankolien i verkene mine kommer fra den eneste mulige konklusjonen en kan dra med tanke på vårt forhold til naturens verden – det moderne samfunnet er ikke forenlig med et globalt artsmangfold. Jeg tror ikke situasjonen kommer til å bedre seg. Det vil ikke være en stor katastrofal hendelse som tilintetgjør verdens biologiske rikdom, men et sakte, kontinuerlig tap av de tingene jeg verdsetter – åpne landskap, trekkfugler, sjeldne planter, korallrev, ville steder og så videre. Jeg ser ikke frem til å leve i en verden uten neshorn.

SVEIN: Naturen har over tid gått gjennom store endringer hvor nye arter kommer til og andre dør ut. I mange av verkene dine merker jeg en viss sorg over dette. Kan du si noe om de forandringene du opplever i kulturens møte med naturen i vår tid? Handler prosjektet ditt om å gjenreise verden, eller handler det om å vise sorgen?

MARK: Vi lever i en tid hvor mange store kunstnere, arkitekter og intellektuelle er engasjert i å gjenskape menneskenes forhold til naturverdenen. Noen finner opp nye teknologier, hagesystemer, nye måter å tenke og være på, alternativ energiproduksjon, metoder for å hjelpe og gjenoppbygge miljøet, alle slags praktiske løsninger på miljøproblemer. Det er vanligvis ikke en sånn type kunstner jeg er. Jeg kommer ikke med løsninger, men jobber mer som en historiker. Jeg henvender meg til den historiske konteksten til et sted og samfunn og reflekterer over den spesifikke naturkulturen på stedet. Så jeg jobber ikke med naturen, jeg jobber med idéer om den. Samtidig som jeg støtter aktivistkunstnere som jobber med virkelige økologiske løsninger, ser jeg ikke dette som min jobb. Å bygge på og reflektere over den historiske naturkulturen er mitt bidrag til miljøvennlig kunst, og jeg tror også det spiller en avgjørende rolle hvis man vil forandre naturkulturen på en positiv måte.

SVEIN: Noen ganger får jeg inntrykk av at noen av verkene dine er påvirket av land art fra 1970-årene. I *A Meter of Jungle* satte du opp tau rundt en kvadratmeter av jungelen og ryddet området innenfor slik at du nådde ned til jordsmonnet. Føler du en tilhørighet til land art?

MARK: Det jeg finner interessant og spennende med land art, er at det er en av de første kunsttypene som i stor grad lånte fra en annen disiplins diskurs, geologiens, og brukte det til å lage kunst. Smithsons kunst gir bare mening hvis du forstår at han refererer til tidens vitenskap: geologien. Til skulpturene sine ser han på krystallografi, og til andre verk ser han på geologiske prosesser. Det er besettelsen i hans verker. Mange av de andre land art-kunstnerne, som Heizer og Turrell, er alle interessert i andre fysiske vitenskapelige fenomener. Det de derimot ikke jobber så mye med, er idéen om økologi. Med unntak av Alan Sonfest ser de ikke til den biologiske verden. De har en geologs synspunkt, ikke en biologs. Mitt arbeid har dype røtter i zoologi, vitenskapen om dyrene og deres kultur, folklore og jaktkultur; kombinasjoner av vitenskap, populærkultur og folkekultur. Det er naturligvis mange måter å betrakte dyr på, men kanskje det mest interessante ved dem er at de ser tilbake på oss.

SVEIN: William Bartram (1739–1823), som gikk rett ut i naturen og jobbet i feltet, var en pioner blant naturforskerne. I 2008 dro du i hans fotspor i USA og viste frem dine funn i utstillinger og i bokform. Dette føles på mange måter som en tidsmaskin hvor du presenterer Bartrams verk og blander det sammen med de banale tingene du har utforsket og samlet i vår tid, som flaskekorker osv. Hva mener du selv er forholdet mellom ekte antropologiske oppdagelsesreiser og dine «stunts»?

MARK: Vi fulgte Bartrams spor mer i den forstand at vi fulgte hans smak, eller hans ånd, enn at vi slavisk fulgte de faktiske sporene. Hele poenget med et forsøk som dette er å se at av alle stedene vi dro til, var det kun ett eller to steder hvor en kunne betrakte landskapet og si: Dette ligner noe Bartram kunne sett. Så det var ikke så mye en reise i tid som en sammenligning og kontrastering av tidspunkter som lot en se hvor drastisk et landskap hadde blitt forandret i løpet av 230 år. Hele økologien til dette området er fundamentalt forskjellig. Det er en enorm transformasjon av hundrevis av mil. Hjertet av prosjektet var å kunne få til en slik sammenligning. Det handlet også om å tenke seg hva Bartram så da han reiste rundt med britiske soldater og opprinnelige amerikanere og møtte på dyr som alligatorer og sjøkuer. Han opplevde også hendelser som orkaner, noe som var utenkelig for folk flest på hans tid. Tenk om Bartram kunne tilbringe bare en halvtime i den moderne verden og se hvor mye dette landskapet har endret seg, tenk om han faktisk kunne stå her og se dette området fullt av Wallmart-butikker og drive-through-banker og Starbucks og svære motorveier og fly i lufta. Jeg mener at denne typen av tidsreisefantasi er hovedpunktet i det verket.

Jeg har stor respekt for virkelige oppdagelsesreiser, men jeg tror at virkelige oppdagelsesreiser også kan gjøres i ens egen bakgård. Det behøver ikke være forbundet med å dra til et farlig, eksotisk sted. For meg er ekte oppdagelsesreiser en slags kritisk nysgjerrighet, et fokusert blikk, en felles opplevelse og en seriøs leting etter spørsmål. Det kan skje i enhver bypark. Jeg er ikke interessert i spennende opplevelser, folk som bestiger nye fjell eller dykker så dypt de kan, eller drar til nye steder, sånne ting interesserer ikke meg. Det er like gjennomskuelig, poengløst og kjedelig som sport. Det som interesserer meg, er vitenskapelige, kunstneriske og filosofiske spørsmål; folk som oppdager nye arter i byparker, eller drar et sted av en bestemt grunn, for å katalogisere biomangfoldet i verden før det forsvinner, eller for å måle isnivåer, fotografere truede landskap, lære seg en foreldet kunst fra den siste læremester. Dette er oppdagelsesreiser for meg. Å bestige de høyeste fjellene er bare en hobby for de eventyrlystne, det bidrar ikke noe til en bredere diskurs.

SVEIN: Men å følge i Bartrams fotspor høres litt ut som en økologisk happening. Er det riktig å karakterisere deg som en performanceartist som arbeider med økologiske happenings?

MARK: Tja, jeg tror mitt arbeid ofte har et forhold til performance. Mye av arbeidet med innsamling og reising innebærer meg selv som fysisk involvert i arbeidet, selv om publikummet ikke vil oppfatte dette som et typisk performance/publikum-forhold. Sammenhengen med performance er kompleks siden jeg ikke har noe live-publikum og betrakterne må ofte ta meg på ordet når det kommer til aktiviteten min ute i verden. Jeg er også veldig bevisst på å konstruere min kunstneriske persona, min offentlige person, som en karakter på sett og vis, så ja, jeg tror det er riktig å betrakte mine verk som orientert mot performance.

SVEIN: I Explorers Club i New York i mai 2012 hadde du en utstilling hvor du blander inn elementer fra Sterling Clarks ekspedisjon i 1909. Du legger på en måte til et ekstra lag på toppen av Clarks gjenstander, eller legger deg opp i elementer som allerede er definert, eller historiske gjenstander fra reisene hans. Kan du si noe om denne innblandingen, og hvorfor du har plassert en hvit gipskopi av pistolen hans blant de andre tingene han har etterlatt seg?

MARK: Vel, mye av det denne utstillingen handler om er feiringen av 100-års-jubileet for utgivelsen av Clarks dagbok. Det er en kjedelig bok om ekspedisjonen hans til Nord-Kina. På den ene siden ønsker jeg å ha et direkte forhold til det spesifikke i dette, på den andre siden, når vi nå er her i Explorers Club, vil jeg snakke om fenomenet oppdagelsesreiser generelt, og om den typen mørke fantasier jeg tror man oppfordrer til her i denne klubben. Noe av dette har med de positive sidene ved oppdagelsesreiser å gjøre, noe med den vonde kolonihistorien, som jeg synes er trist, mørk og negativ. Så denne utstillingen er også en måte jeg kan plassere meg selv inn i den diskursen på, i den betydningen at å lage en utstilling her er som å befinne seg i magen til monsteret. Kulturelt sett har vi alltid flørtet med dette bildet av oppdageren fordi vi har hatt det med oss siden barndommen. Bildet av oppdageren fremmer verdier som selvrealisering, mot og nysgjerrighet, men baksiden er dominering, kolonisering, mord og ulikheter, tilranelse av ressurser. Hvordan kan vi erkjenne den negative historien ved oppdagelse og samtidig omfavne de positive sidene?

SVEIN: Denne innblandingen er fascinerende. En kan også nærmest se det som en slags tilegnelse, eller en måte å arbeide med readymades på. Disse readymade objektene er naturligvis historiske og sterkt definert som kulturelle objekter. Men de er likevel readymades i verkene dine, er de ikke?

MARK: Nei, det er skulpturer! [Han ler.] Dette er ekte skulpturer.

SVEIN: De sveitsiske kunstnerne Fischli/Weiss, som også arbeider på et kunstprosjekt for Nasjonale turistveger i Norge, har i mange år stilt ut verk bestående av omhyggelig eksakte kopier i hard plast av hverdagsting som vi omgir oss med, slik som tomme malingspann, verktøykasser, vaskemidler, møbler, bildekk, osv. Disse kan se ut som pent brukte ting, og andre ganger som rent søppel. På 90-tallet stilte du ut verk du kalte «asfaltjungel», og som bestod av tilfeldig innsamlet skrot, *bric-a-brac*, som du kalte det. Ser du en link mellom deres verk og dine egne?

MARK: Ja, med dette prosjektet tenkte jeg veldig mye på Fischli/Weiss og var virkelig nervøs for at det jeg hadde laget, var for likt arbeidet deres. Men i bunn og grunn tror jeg at de konstruerer en illusjon av objektet gjennom verkene sine. Det er hovedsakelig skulpturell kunst som enkelt kan bli tatt for å være ekte. Arbeidet mitt her, derimot, består av grove etterligninger som er monotone og håndlagde, i motsetning til David og Peters veldig nøyaktige tilnærmelser. Så det er nok av avstand og forskjeller. De asfaltjungelverkene jeg laget på 1990-tallet, handler mye om å skape en illusjonistisk fremstilling av en scene som folk flest kjenner seg godt igjen i, en søppelhaug. Her er det ikke noe kunstig. Jeg lager ikke søppel av noe annet enn det som faktisk er søppel. Dette har alltid vært et interessant ståsted for meg som skulptør. Motstanden mot å lage noe som står for noe annet, i stedet for å bruke den faktiske gjenstanden. Hvorfor lage en boks av gips og papir? Hvorfor ikke bare bruke en boks?

SVEIN: Det siste spørsmålet bringer oss tilbake til bjørnen og Aurlandsfjellet. Bjørnen ligger oppå en haug av rester, for å si det sånn. Og du er en samler. Er de gjenstandene du fant til Aurlandsfjellet, samlet sammen tilfeldig? Du hadde åpenbart en plan med å plassere vikingtingene nederst og elektroniske duppedingser på toppen. Men hva med midten av haugen?

MARK: Jeg har en plan. Som de fleste gode planer forandrer den seg riktignok stadig med situasjonen, men jeg vet hva jeg ønsker å si. Alle disse gjenstandene er nettopp grunnen til at det ikke finnes bjørn der lenger. Gjennom hver eneste gjenstand ønsker jeg å få frem en side ved dette. Vår verden av teknologi, industri, reiser og forbruksvarer er ikke en verden hvor bjørnen kan leve. Det er disse tingene vi har erstattet bjørnen med. Nå har vi sykkel, men ingen bjørn. Og vi har hermetikk, men ingen bjørn. Nå har vi en veldig fin lue og en brødrister, men vi har ingen bjørn. Det foregår et bytte i samfunnet vårt, og på en måte utgjør dette en del av logikken til denne installasjonen, nemlig at disse gjenstandene på en innviklet måte er selve årsaken til at vi ikke har bjørner nå. Hvis vi og disse gjenstandene forsvinner, vil bjørnen komme tilbake.

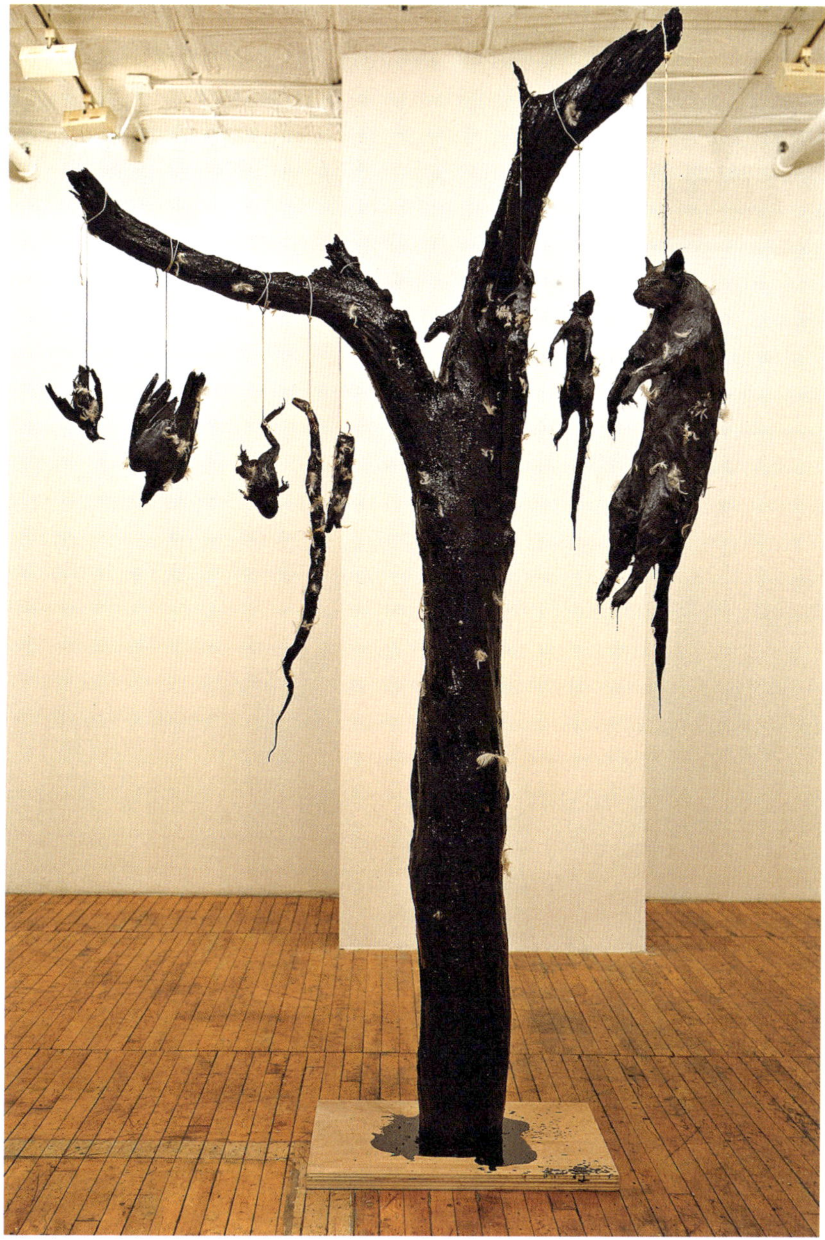

Mark Dion: *Tar And Feathers*, 1996

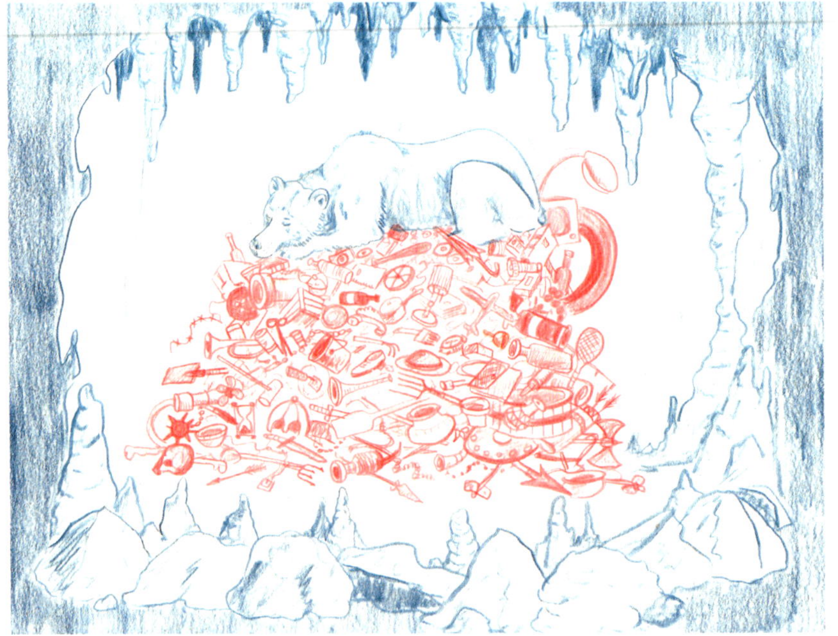

Sketches for *Den*

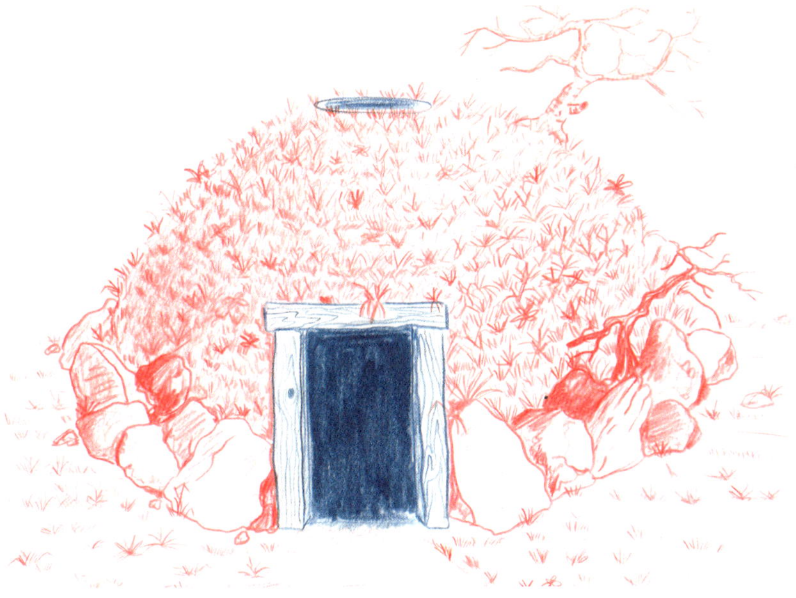

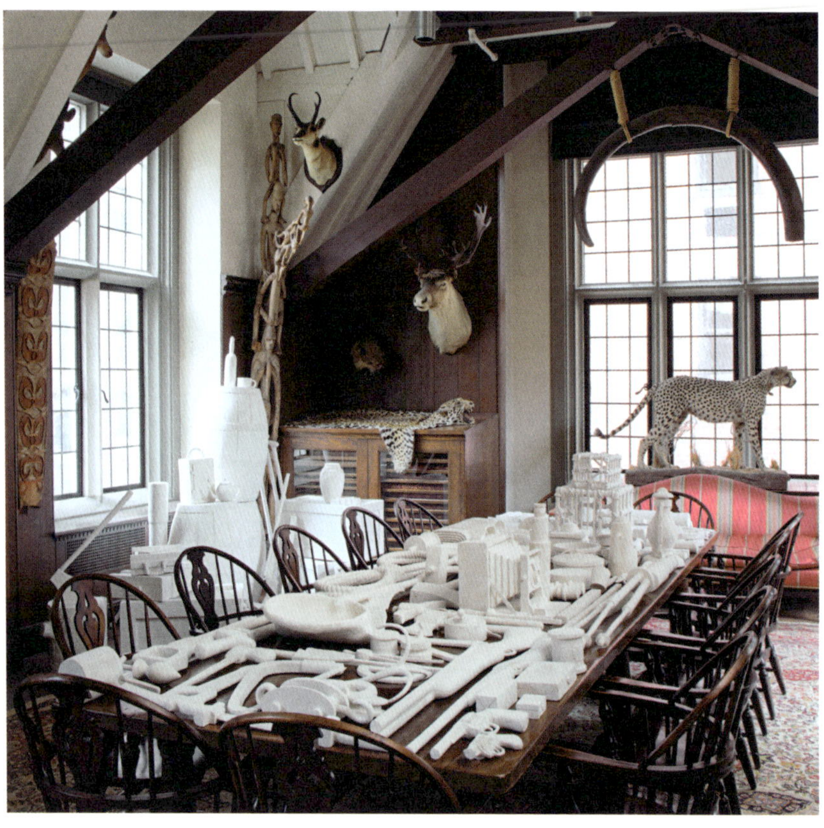

Mark Dion: *Phantoms of the Clark Expedition, The Explorers Club*, 2012

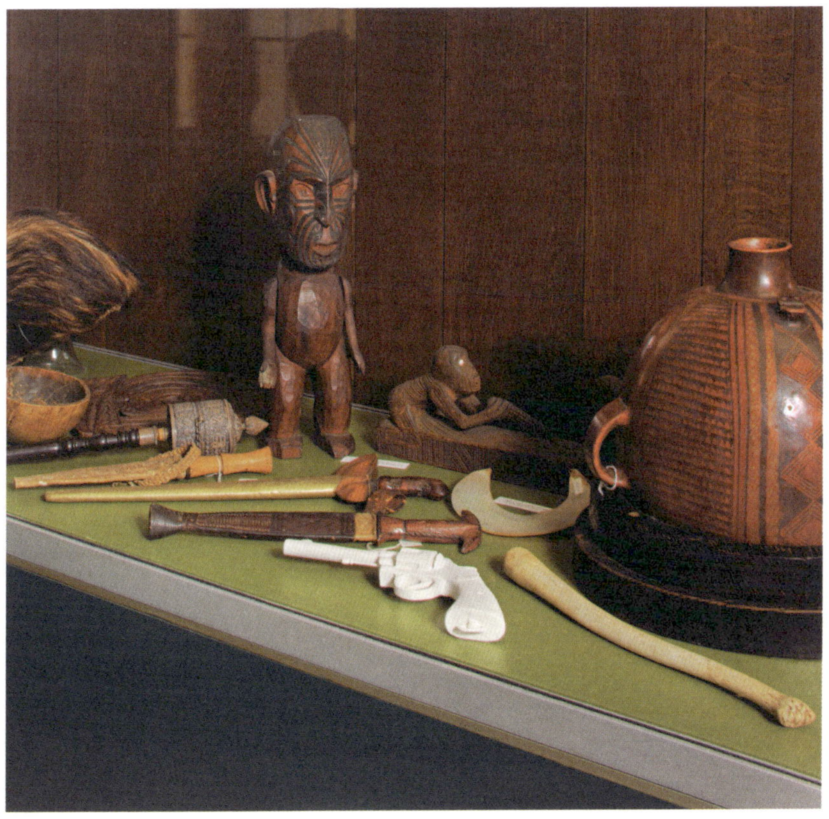

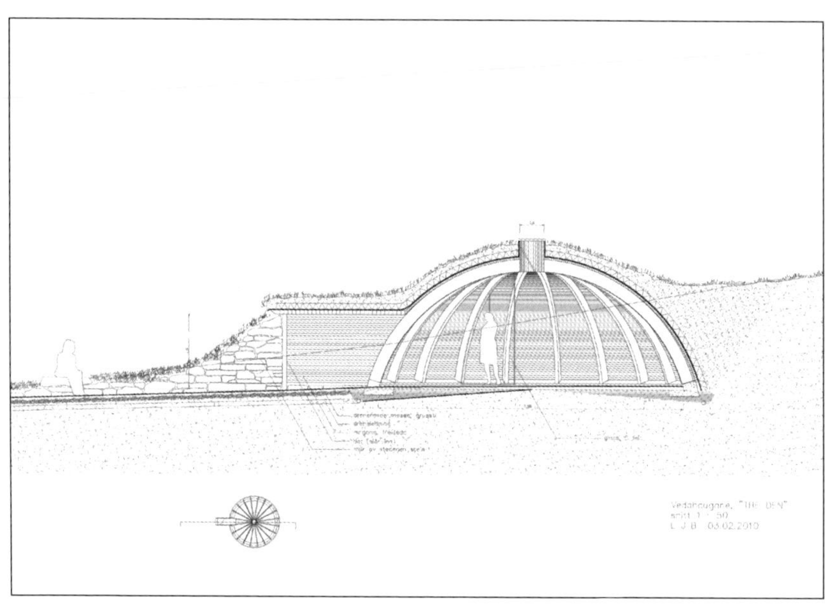

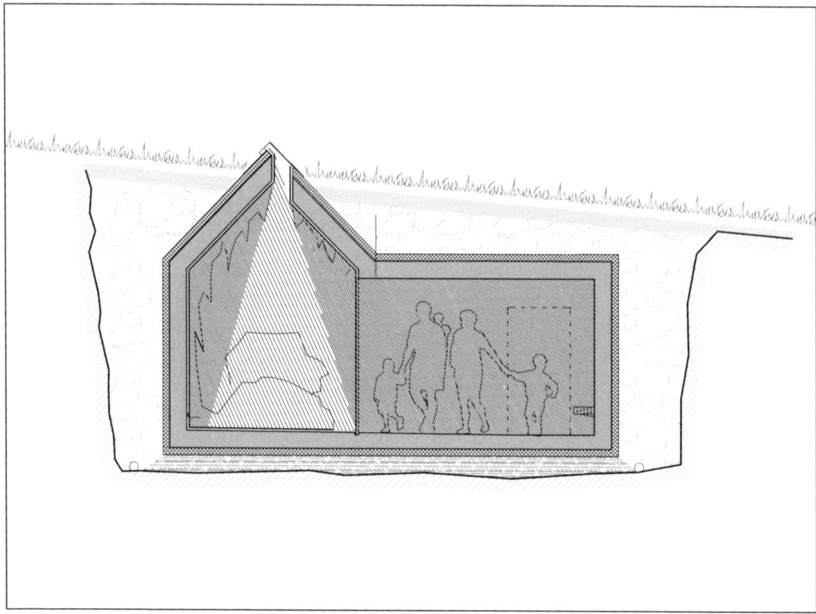

Lars Berge Arkitekter

136

We Have a Toaster, But No Bear

SVEIN: Can you describe how you experienced Aurlandsfjellet and the surrounding areas?

MARK: First of all, it is a sublime and gorgeous region of natural beauty. The glaciers, mountains, and fjords have the kind of beauty that steals your breath away the first time you see them. It appears vast and barren on first glance, like a very pared down and minimal environment. However, if you shift you focus from the gigantic to the miniature, you see that this is an area of curious diversity, holding numerous plants, lichens, and insects. Thus it is rich from both a microcosmic and a macrocosmic perspective. It is a harsh landscape. When you, Dana (Sherwood-Dion), and I visited the site for the first time there was still snow on the ground and it was August. It is strikingly above the tree line and bare and I was deeply concerned about wrecking this awesome landscape by making an artwork which would somehow domesticate it.

SVEIN: Your first proposal was for a "gamme," as we say in Norway, a hut made of turf or sod, that was to be placed some distance out on the grounds and surround the installation. Where did that idea originate?

MARK: When I imagine the context of Norway, I am drawn to Nordic mythology and the natural world, more than the contemporary life of the country. Norway's past and its culture of nature are so salient, and maybe that is a prejudice. However, thinking about another time past leads me to think of bears and wolves, and I feel they are missing in the landscape – misplaced parts of a complex puzzle. I also think that bears exist at an interesting crossroads between the human and natural. The idea that early human architecture and bear dens have formal similarities is also a reference, as well as the idea of the cave as an access point to the underworld. The concept of the underworld, the world inside of the world, is such an important element in Nordic myth. These elements – natural history, ecology, mythology, and the display of nature – all helped to focus the project.

SVEIN: But does this come out of what you saw when you came to the area or is it based on things you already knew? Does the installation say anything about your experience of the area?

MARK: My project is a combination of a number of things: a response to the site and its conditions and also ideas about bears, the representation of nature and Nordic culture. My methodology is to come to a site and have the site tell me what to do, but I also come to the site with my luggage – the body of ideas I have developed over 25 years and my intellectual engagement with the history of the culture of nature. One idea which is strong in my work is how bears function allegorically in relation to the concept of wilderness. They personify wilderness in so many ways – for example, where bears are, people are not. They are more powerful than us, yet culture can easily subdue and eliminate them. We once had to be protected from them and now we have to protect them. This has much to do with Aurland Mountain as a landscape. It is a profoundly different experience traversing a landscape which contains bears and one which does not. Aurland is a wilderness lacking some of the ingredients of the wild, one of which is bears.

SVEIN: Lars Berge, the architect who designed the walkway up to the site, suggested after a while that we should open up the bedrock and make a grotto. What do you make of this change?

MARK: Lars Berge's project was a brilliant work which mediated how to produce an element in the landscape without significantly marring the experience of the place. He made a thoughtful and successful piece of functional architecture, and I was concerned about not messing it up with my own project. Lars worked to assure that the two works did not contradict or cancel each other out. He understood the goals and scope of *Den* from the beginning, and although my sensibility and his are disparate, he strove very hard to produce a situation in which the works could exist side by side and productively enhance each other. His input was extremely helpful and he brought a lot of great ideas and solutions to the situation.

SVEIN: You have several times worked with bears in your installations. Do bears have a special significance?

MARK: Bears are a dominant motif and topic in my work since they are synonymous with the notion of wilderness, the idea that there are places not completely dominated by human agendas, human structures, human landscapes and human concerns. I started working with bears, or I should say the idea of bears, in the late 1980s, since this was a turning point in the environmental crisis in which the last of the extreme regions of nature, the frozen arctic zones and the tropical forest zones, became dramatically threated. One site known for its extraordinary diversity, the other for its pared-down ecosystem, both always seen as savage, wild and inhospitable, not seen as fragile and threatened. Something dramatic had changed in the scope of impact of humans on the planet; there were virtually no untouched places left.

SVEIN: It is my sense that you are a storyteller, and that in *Den* you're telling, above all, a story about our relationship to nature. Is this correct, and can you say anything more about it?

MARK: You are correct that there is a strong narrative element in my work as well as a theatricality – didactic elements and a theoretical approach. Telling stories with and about animals is something I share with great number of artists, going back to the beginning of art itself. While I want to engage the viewer with a certain amount of artfulness, I do not to use illusion or trickery. For example the cave in *Den* is more a diorama of a diorama than a convincing naturalistic scene. My team and I could make something more like a natural cave but instead we are making something mythic and fantastical. Of course the bear is a character in the story, and the viewer is arriving in the story's middle; it is up to them to construct the beginning and end somehow.

SVEIN: The installation at Aurlandsfjellet points in the direction of museum diora-
mas or installations in which one stages theater-like biotopes with stuffed animals.
What significance does this connection to museums have in your work? It seems to
be a very clear communication between your language and the museum language,
the academic language of exposing and exhibiting nature by tableaux.

MARK: For as long as I can remember, I have always been fascinated with museums
of natural history. They are central to understanding the place of nature in any soci-
ety and embody some remarkably complex ideas about how you tell the story of the
natural world through a collection of physical things. At the same time they can be
the embodiment of the official story – of what gets to stand for nature at a particu-
lar time for a particular group of people – and thus they can be riddled with ideol-
ogy and power. However, I feel a kinship to some enlightenment goals of the mu-
seum, in that these are places where a public goes to gain knowledge through and
to encounter things – to encounter material culture. This is not so terribly differ-
ent from what I think my goals are as a sculptor, who uses the world of material to
speak about complex ideas about nature. These museums are bold in their scope:
they represent the history of the universe and explain who we are and how we got
here. If you don't turn to the church, what other institution attempts something so
grand? Dioramas are one of the most successful display technologies of the natural-
history museum. They conventionally impose an idealized view onto nature – they
depict a natural paradise that preceded the footprint of humankind. Our diorama
goes against the grain of the diorama language by not only acknowledging the
presence of human culture, but also indulging in an anthropomorphic projection.

SVEIN: I have a question about the bird watching stations and watch towers for
hunting you have made. What do you want to say with these things that look
functional but aren't?

MARK: Many of these, particularly the bird blinds, field stations, and club houses,
are functional. People use them for the purpose they are designed for and in the
same way as the objects they are modeled after. The hunting stands are not, in that
no one is ever going to kills animals from them. I see all of them as relating to the

historical architectural model of the folly. They are less practical and more discursive. They function to create meaning by developing a situation, an experience. In this way they are like sculptures on an architectural scale.

SVEIN: Thematically, you can be quite direct and clear in your work – I'm thinking, for example, about the way we treat animals and nature. In *Tar and Feathers,* for example, you hang birds and animals by the neck from a dead tree, and the whole thing is covered with oil. On the other hand, you make artworks about hunting. This can seem like a contradiction?

MARK: One would certainly find a great deal of contradiction in my work. After all, the fields of ideas about nature are rich in contradiction and conflict. I am often articulating positions which are central to the discussion around nature, but they may not necessarily be my positions. This is not unlike when an author speaks through a character. We don't assume the character is speaking for the author. I sometimes speak as a hunter, or scientist, without actually being them. I am merely attempting to articulate their position in the work. Sometimes I am speaking ironically, other times directly or didactically. It is up the viewer to figure that out. If you have followed my artistic practice long enough you can discern a pretty clear position that is being articulated. In the project *Concerning Hunting* my goal was to produce an exhibition which walked a tightrope between two radically opposed groups. I wanted both hunters and anti-hunting groups to view the exhibition and conclude that it supported their world view. This was a curious and exciting experiment and, more often than not, it worked.

SVEIN: I feel a certain sorrow when I see the work *Tar and Feathers.* It makes me see nature as something which is degenerating. Is that correct?

MARK: Melancholy is the most salient tone in my work, but it is often tempered by humor and beauty. The pervasive pessimism and melancholy in my work stems from the only possible conclusion one can draw with regard to our relationship to the natural world – contemporary society is not compatible with global biodiversity. I do not think the situation is going to get better. There will not be some huge catastrophic event which wipes out the world's biological riches, just a slow grinding continuous loss of the things I value – open space, migrating birds, rare plants, coral reefs, wild places and so on. I don't look forward to living in a world without rhinoceros.

SVEIN: Over time, nature has gone through great changes, in which species appear and die out. In many of your works, I sense a kind of sorrow about this loss. Can you say something about the changes you experience in culture's encounter with nature in our time? Is your project about restoring the world, or is it about showing the grief?

MARK: We are living in a moment when many great artists, architects, and intellectuals are engaged in a re-imagining of the human relationship to the natural world. Some are inventing new technologies, systems of gardening, new ways of thinking and being, alternatives to energy production, methods of environmental remediation and restoration, all sorts or real-world solutions to environmental degradation. That is not usually the kind of artist I am. I am not developing a solution but rather working in a way akin to an historian. I address the historical context of a place and society and reflect on the specific culture of nature of the site. So I don't work with nature, I work with ideas about nature. So while I am very supportive of activist artists who work with real ecological solutions, I don't see that as my job. Building and reflecting on the historical culture of nature is my contribution to the field of environmental art and I think it is also a critical part of changing the culture of nature in a positive sense.

SVEIN: Sometimes I get the impression that some of your works have been influenced by the land art of the 1970s. For example, in *A Meter of Jungle*, you rope off a square meter of the jungle floor and clear the area inside so that you get down to the soil. Do you feel an affinity to land art?

MARK: What is very interesting and exciting to me about land art is that it is one of the first forms of art where they are heavily borrowing the discourse from another discipline, geology, and applying that to fine art. Smithson's work only makes sense if you understand that he is referencing the science of time: geology. For his sculptures he is looking at crystallography, and for other works he is looking at geological processes. That's the obsession in his work. Many of the other land artists, such as Heizer and Turrell, they all have an interest in other phenomena of physical science. What they don't work very much with is the idea of ecology. Except for Alan Sonfest, they are not looking at the biological world. They are looking with a geologist's view, not a biologist's view. My work is firmly rooted in zoology, the science and culture of animals, through folklore and the culture of hunting – combinations of science, popular culture and folk culture. There are obviously many ways to look at animals, but perhaps the most interesting thing about them is that they look back at us.

SVEIN: William Bartram (Am 1739–1823), who went directly out into nature and worked in the field, was a pioneer among nature researchers. In 2008 you traveled in his footsteps in the U.S. and displayed your findings in exhibitions and in book form. This feels in many ways like a time machine, in which you present Bartram's work and mix it together with the banalities you have explored and collected in our time, like bottle corks, etc. What, in your view, is the relationship between real journeys of anthropological discovery and your "stunts"?

MARK: We followed Bartram's trail much more in the flavor of Bartram, or in the spirit of Bartram, rather than slavishly following the actual trails. The whole point of an endeavor like that is that is to see that in all of the places we traveled there were only one or two where you could view the landscape and say: This is something like what Bartram saw. So it wasn't so much time travel as a time comparison and contrast, where you could see how dramatically a landscape has been completely changed in 230 years. The entire ecology of that region is fundamentally different. It's a tremendous transformation of hundreds of miles. The heart of the project was having that kind of comparison. It was also to try to imagine what Bartram saw, traveling with British soldiers and native Americans and encountering animals like alligators and manatees. He was also experiencing events like hurricanes, something unimaginable to most people at the time. What if Bartram could spend only one half hour in the contemporary world and see how dramatically that landscape has changed, actually stand here and look at this landscape dotted with Walmarts and drive-through banks and Starbucks and superhighways and planes flying overhead? I think that type of fantasy of time traveling is the fulcrum in that piece.

I have a lot of respect for real exploration, but I think real exploration can happen in your backyard. It doesn't have to be tied to going to some dangerous exotic location. To me real exploration is about a sort of rigorous curiosity, a focused gaze, a shared experience, and the serious pursuit of questions. That can happen in any city park. I'm not interested in adventures, people who climb new mountains, dive to the deepest depths, or go to novel places, that's not at all interesting to me. It is as transparent, pointless and boring as sports. What is interesting to me is a scientific, artistic, and philosophical inquiry – people who discover new species in the city park, or go to some place with a purpose, to catalogue the biodiversity of the world before it disappears, or go some place to measure ice levels, to photograph a threatened landscape, learn an obsolete craft from the last master. That to me is exploration. Climbing the highest mountain is just an adventurous hobby, it contributes nothing to a broader discourse.

SVEIN: But following in the footsteps of Bartram sounds a bit like a kind of ecological happening. Is it fair to characterize you as a performance artist who works with ecological happenings?

MARK: Well, I think that my work often has a relationship to performance. A lot of the work with collecting and traveling always involves myself as physically engaged in the work, even if the audience doesn't see that as a traditional performance/audience relationship. The relationship with performance is a complex one, since there is no real-time audience and the viewer must often take me at my word on my activity out in the world. I am also very conscious of constructing my artistic person, my public person, as a character in a way, so I think it is very fair to think of my work as performance oriented.

SVEIN: In the Explorers Club in New York in May 2012 you made an exhibition where you interfere with elements from Sterling Clark's expedition in 1909. You are in a way putting a layer on top of Clark's items, or interfering with already defined elements or historical elements from his journeys. Can you say something about this interference and why you have put a white cast copy of his gun among the other things left over from him?

MARK: Well, much of what this exhibition is about is the commemoration of the 100th anniversary of the publishing of Clark's journal. It's a boring book about his expedition to Northern China. On the one hand I want to have a direct relationship to the specificity of that; on the other hand, since we are here at the Explorers Club, I want to talk about the phenomenon of exploration in general and about the sort of dark fantasies that I think are encouraged in this club. Some of this has to do with the positive aspects of exploration, some of it with the very pernicious colonial history which I find very grim, dark and negative. So this exhibition is also a way of inserting myself into that discourse, in the sense that to make an exhibition here is a bit like being in the belly of the beast. Culturally, we always court that image of the explorer because somehow it's built into us from childhood. The explorer image promotes values of self-reliance, courage and curiosity, yet the flip side is domination, colonialism, murder and inequality, resource rape. How to acknowledge the negative history of exploration and still embrace the positive aspects?

SVEIN: This interference is fascinating. You can also see it as a kind of appropriation, or a way of working with readymades. These readymades are obviously historical and very strongly defined as cultural items. But still they are readymades in your work, aren't they?

MARK: No, they are sculptures! (Laughing) These are real sculptures!

SVEIN: The Swiss artists Fischli/Weiss, who are also working on an art project for the National Tourist Routes in Norway, have for several years displayed works consisting of meticulously exact polyteran copies of everyday things with which we surround ourselves, such as empty paint cans, tool cans, and detergents, furniture, car tires, etc. These can look like well used things and sometimes like plain garbage. In the 1990s you exhibited works you called concrete jungle consisting of what looked like randomly assembled garbage, bric-a-brac as you described it. Do you see any links between your work and theirs?

MARK: Yes, with this project I thought very much about Fischli/Weiss, and was really concerned that this was too close to what they had done. But essentially I think that what they do with their works is the construction of the illusion of the object. They're mainly sculpted art objects that can easily be confused for the real thing. Whereas my work up here consists of crude simulacra, monotone and hand-crafted, as opposed to David and Peter's very precise approximations. So, there is enough distance and difference. The concrete jungle diorama works I made in early 1990s are very much about creating an illusionistic representation of a scene that people are very familiar with, a garbage pile. In that case there is no artifice. I am not making garbage out of something other than garbage. And for me that has always been an interesting position as a sculptor. The resistance to making something that stands in for something else, but actually using the thing. Why make a can that is made out of plaster and paper? Why not just use a can?

SVEIN: The last question will be one more about the bear and Aurlandsfjellet. It lies on top of a pile of leftovers, so to say. And you are a collector. Did you collect the things you found for Aurlandsfjellet randomly? Obviously, you had a plan with the Viking stuff at the bottom and the pads and pods etc. on the top. But what about in the middle of the pile?

MARK: I have a plan, but like many good plans it is constantly changing with the situation, but I know what I want to say. All of these objects are precisely the reason why bears are not there. In each object I want to represent an aspect of that. Our world of technology, industry, travel and commodities is not one where bears are possible. These are like the things that we traded for bears. Now we have a bicycle but we do not have a bear. And we have canned goods, but we do not have a bear. We now have a really nice hat and a toaster, but we do not have a bear. So there is a trade going on in our society and in a way that is part of the logic of this piece, that these objects are in some complex way the very reason why we do not have bears now. If these objects disappear and we disappear, the bear will reappear.

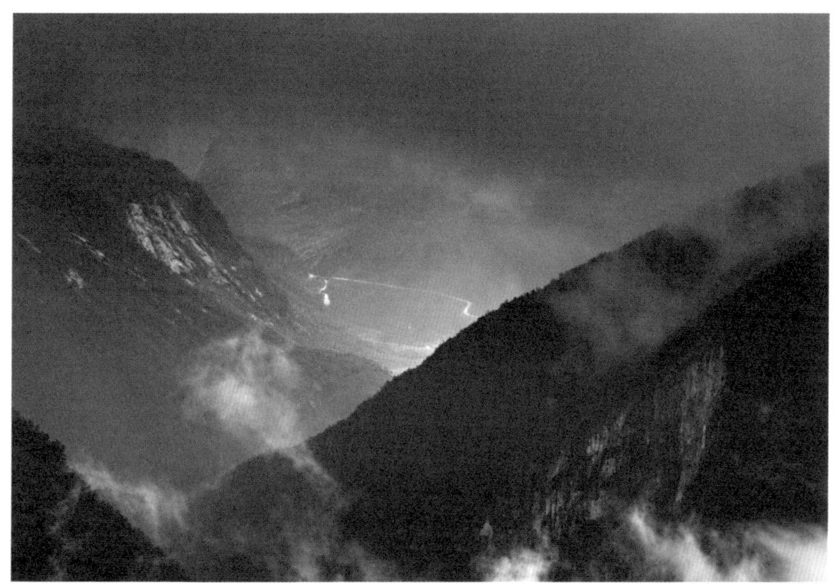

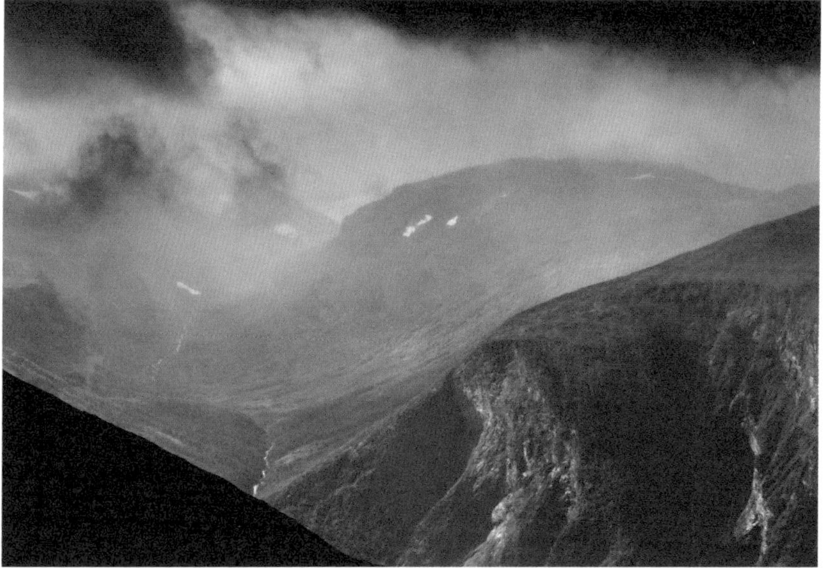

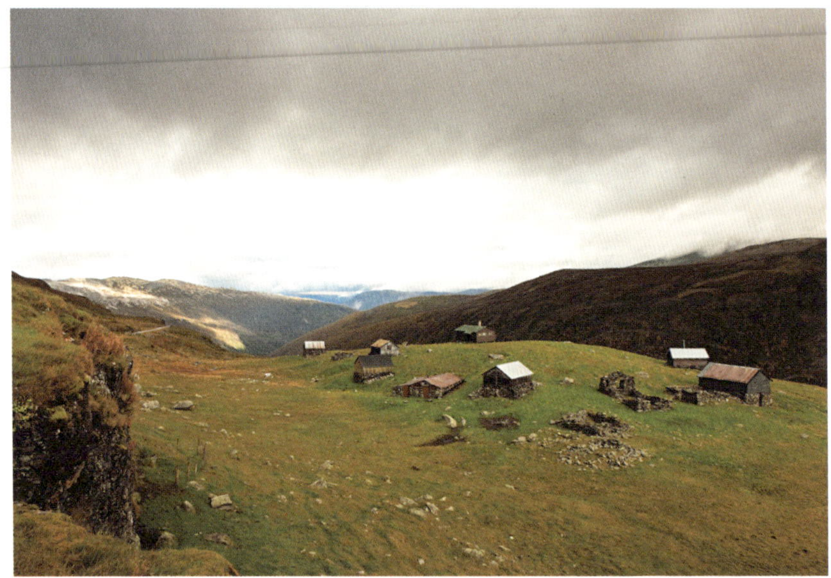

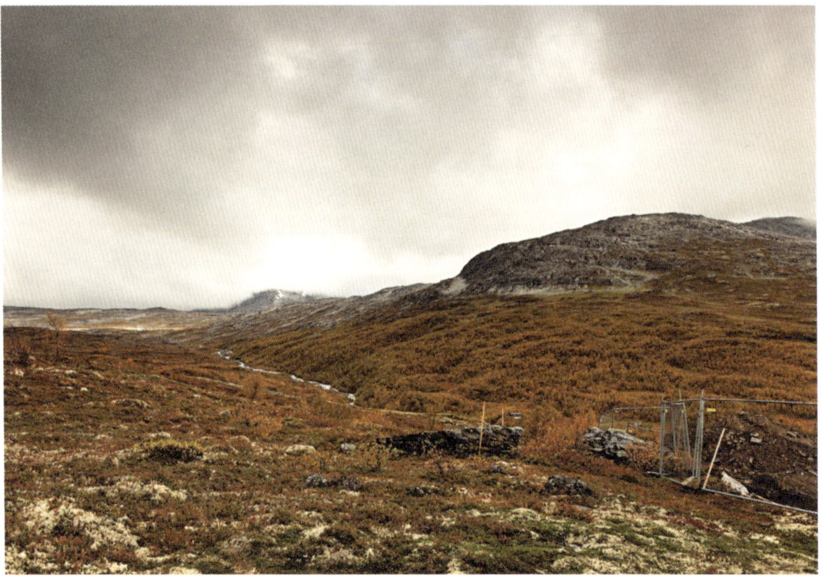

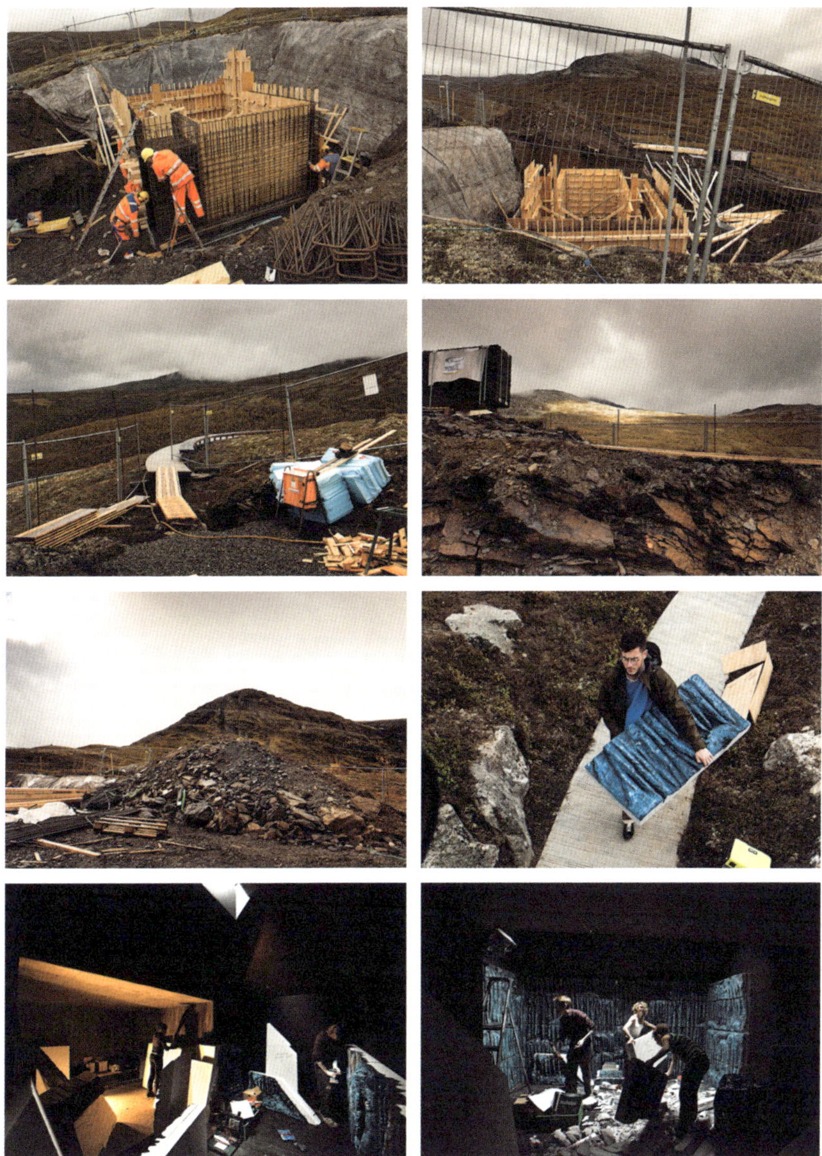

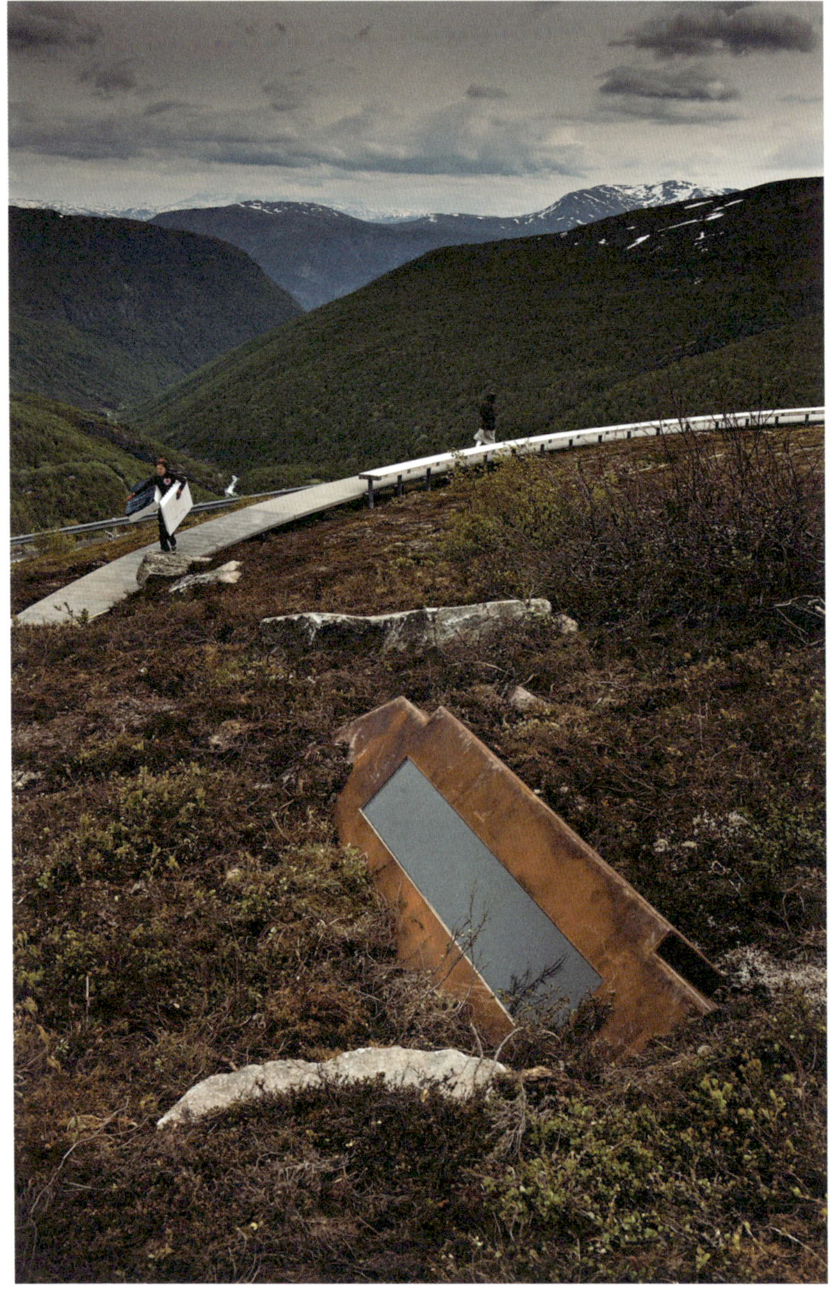

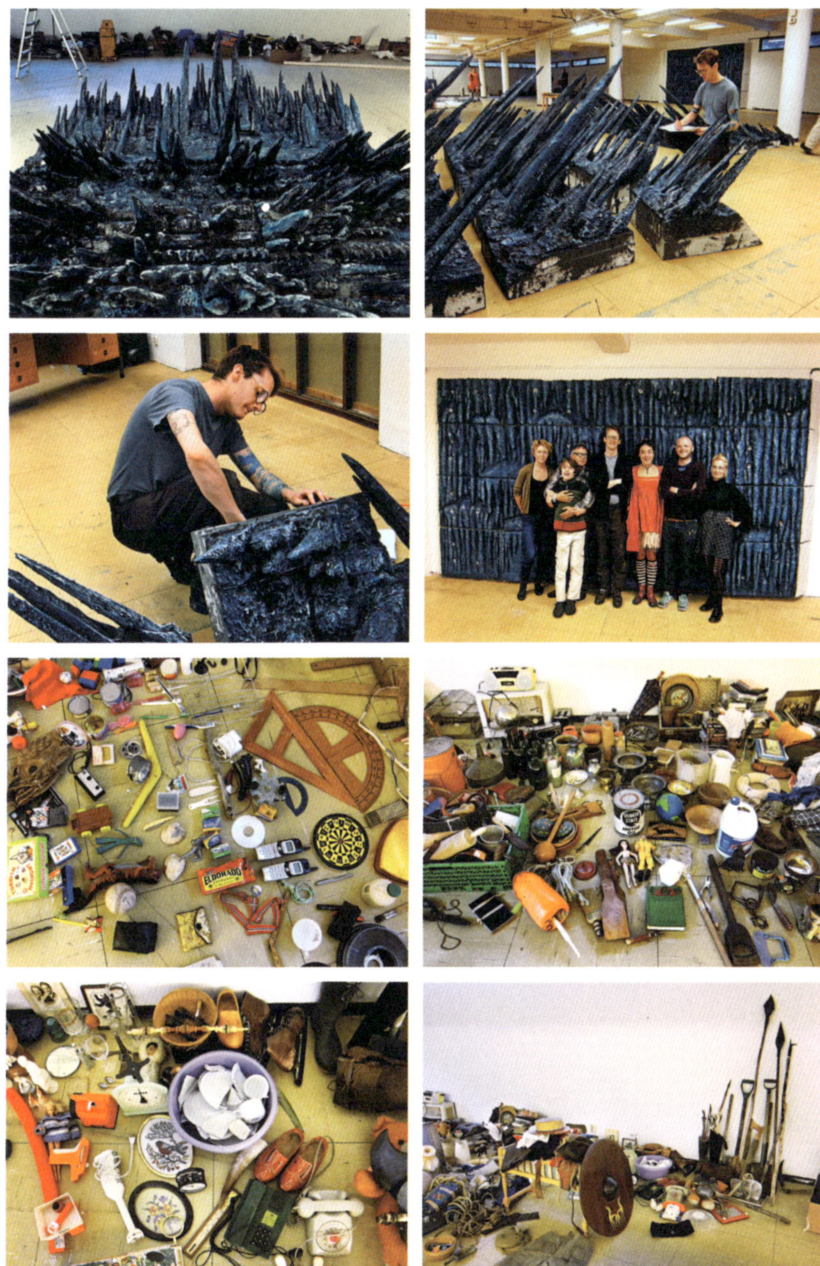

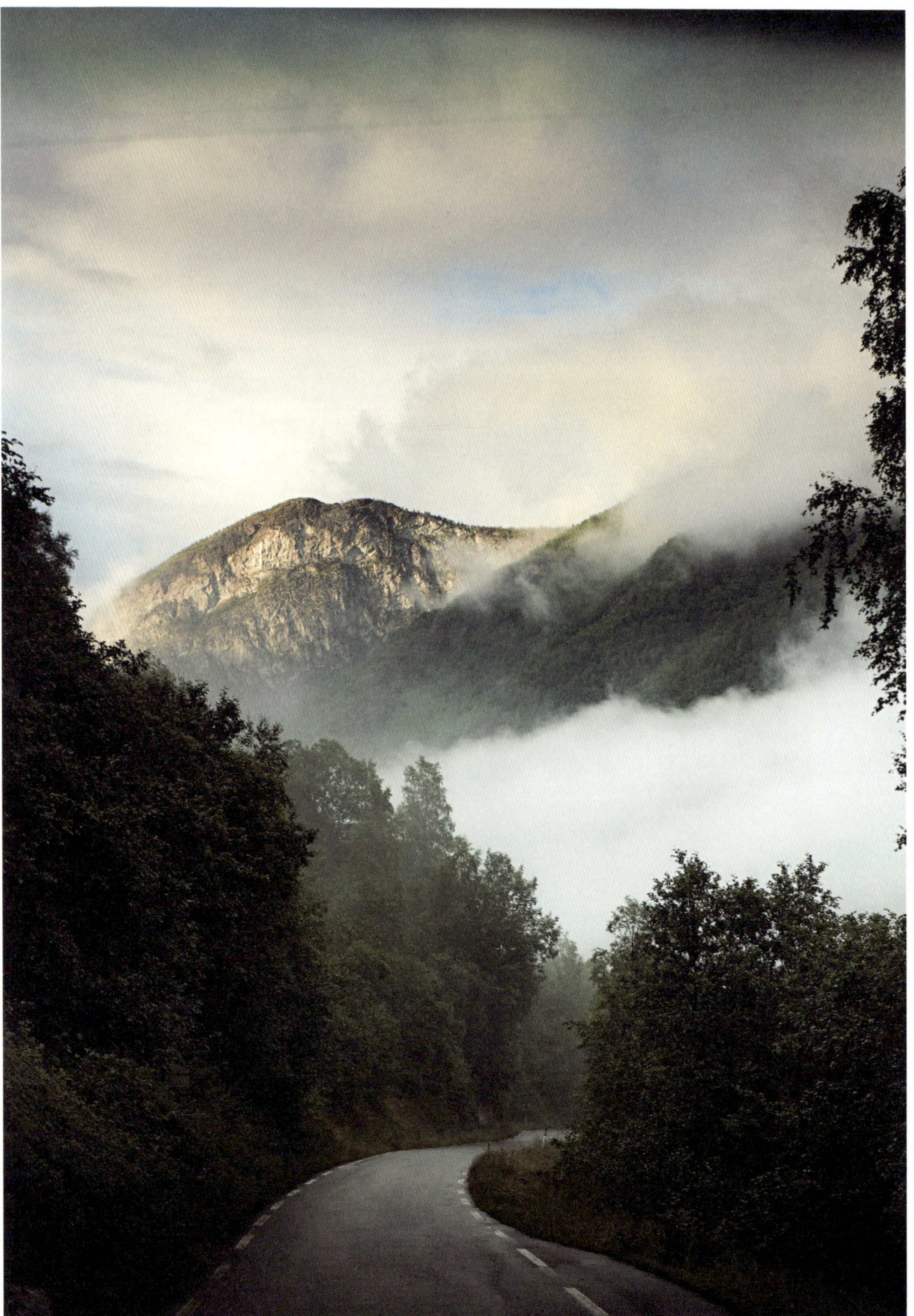

ATTRAKSJONEN NASJONALE TURISTVEGER

Norge har de beste forutsetningene for en turistattraksjon som Nasjonale turistveger. Ikke bare kan vi by på vakker og variert natur, men også et omfattende veinett som tar den reisende langt ut, høyt opp eller langt inn. Og alle steder bor det folk.

Ideen om å utvikle flotte kjøreturer i storslått norsk natur til Nasjonale turistveger ble virkeliggjort gjennom Reiselivsprosjektet midt på 90-tallet. De fire prøvestrekningene fikk status som Nasjonale turistveger i 1997. Man evaluerte, rapporterte, tilrådde og konkluderte, og fra 1998 er det blitt jobbet målrettet med å utvikle 18 utvalgte vegstrekninger til en turistattraksjon som vekker nasjonal og internasjonal interesse. Satsingen omfatter også ti store attraksjoner, med de velkjente reiselivsikonene Trollstigen og Vøringsfossen som de største.

Reiseliv er en av de raskest voksende næringene i verden, og konkurransen om turistene er stor. I Norge er reiseliv den tredje største næringen, og den har stor betydning for sysselsetting og bosetting, ikke minst i distriktene. For Stortinget og regjeringen er reiseliv derfor et prioritert satsingsområde, og naturlig nok er det den norske naturen som først og fremst skal friste flere turister til å feriere i Norge og til å ta seg god tid. For Stortinget og regjeringen er den statlige satsingen på Nasjonale turistveger et konkret virkemiddel for å styrke Norges attraktivitet som reisemål. Statens vegvesen har derfor fått i oppdrag å skape nye, verdifulle opplevelser gjennom spennende sammenkoblinger av natur, arkitektur og kunst.

Spektakulær arkitektur i storslått natur er den norske turistvegsatsingens særpreg. Mange installasjoner har blitt realisert etter å ha gjennomlevd omfattende runder med idéutvikling, knaing og modning. De tanker og tegninger, former og fantasier som ligger bak disse elementene, er ofte ikke de vi vanligvis forventer i slike sammenhenger. Her finner man betongbenker og -bord i nye og dristige former. Rasteplasser og servicebygg har fått særegen utforming og blitt små severdigheter i seg selv. Og i årenes løp har utsiktsramper, plattformer og bygninger blitt egne arkitektoniske landemerker.

Samtidig som den reisende skal få tilført ytterligere dimensjoner til sin naturopplevelse, skal turistvegarkitekturen også være funksjonell.

Interessen for Nasjonale turistveger har spredt seg langt ut over landets grenser. Når også kunst med sine spennende og utfordrende uttrykk inngår i turistvegsatsingen, får turistvegene en tilleggsdimensjon som bekrefter satsingens særpreg blant verdens mange forskjellige *scenic byways*.

Planlegging og gjennomføring av Nasjonale turistveger er et langsiktig og landsomfattende arbeid som forutsetter høy kvalitet i alle ledd og et bredt samarbeid. Foruten flere departementer er halvparten av landets fylker, et syttitall kommuner, landsdekkende organisasjoner, regionale reiselivsorganisasjoner og engasjerte bygdelag involvert i arbeidet. Det trengs spisskompetanse på mange fagområder – arkitektur, landskapsarkitektur, kunst, reiseliv, vei, trafikk, konstruksjoner, formidling, foto, kart og ikke minst planprosesser. For å sikre at resultatet blir en attraksjon med internasjonal appell, er det behov for arkitekturråd, kunstråd og kvalitetsråd som overvåker det hele. Alt dette planlegges og koordineres av Statens vegvesen, som har betydelige kunnskaper om og bred erfaring fra planlegging, bygging, drift, vedlikehold og forvaltning av veier i det ganske land.

Innen 2020 skal alle strekningene fremstå som gode Nasjonale turistveger. I 2023 skal alle være fullt utbygget med arkitektur og kunst. I 2012 skiltes alle de 18 strekningene som Nasjonale turistveger, selv om man bare er litt over halvveis i utviklingsarbeidet. Men om turistvegtiltakene ennå ikke er på plass: Verdens vakreste kjøreturer ligger der og er klare til bruk.

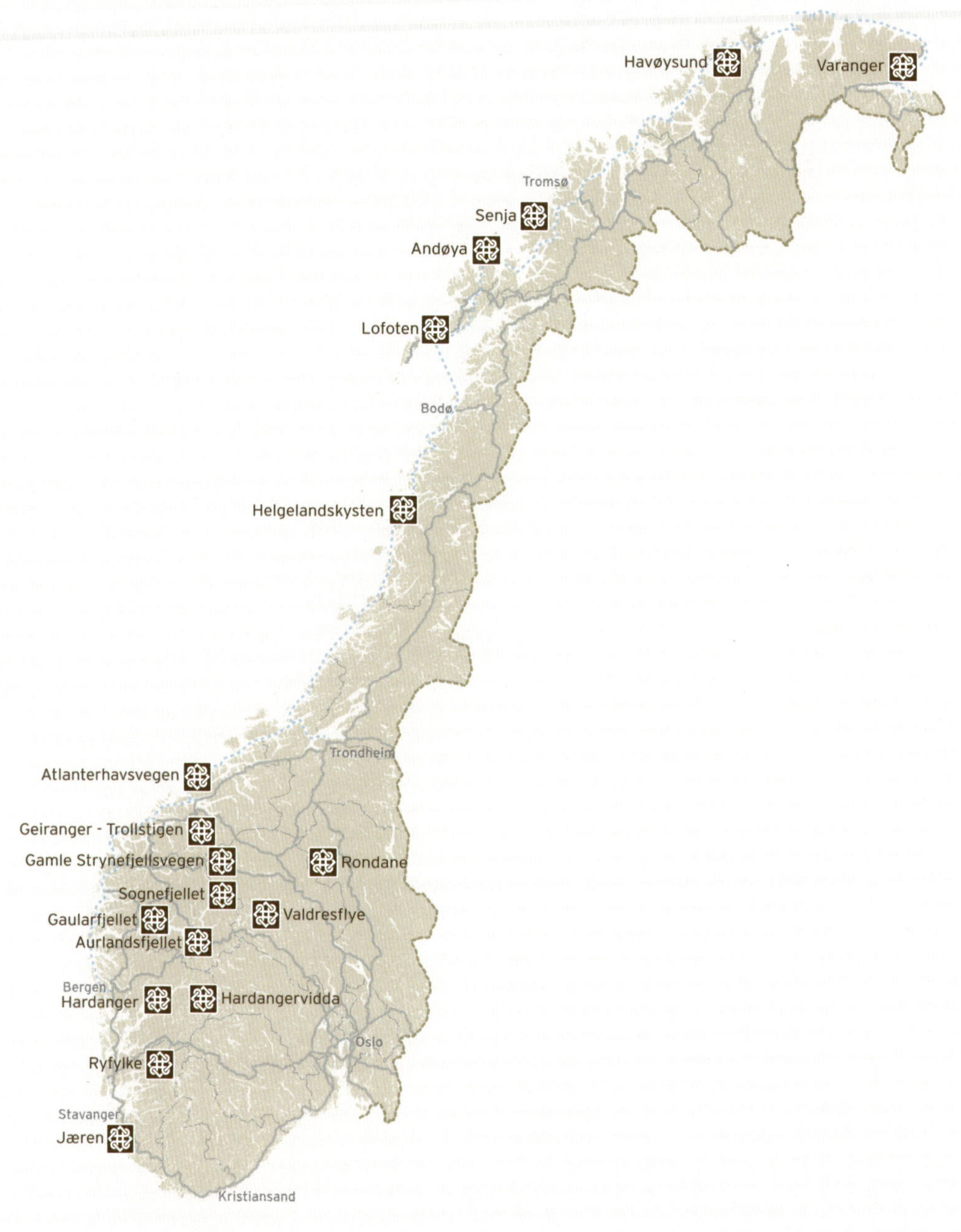

Havøysund
Varanger
Tromsø
Senja
Andøya
Lofoten
Bodø
Helgelandskysten
Trondheim
Atlanterhavsvegen
Geiranger - Trollstigen
Gamle Strynefjellsvegen
Rondane
Sognefjellet
Gaularfjellet
Valdresflye
Aurlandsfjellet
Bergen
Hardanger
Hardangervidda
Oslo
Ryfylke
Stavanger
Jæren
Kristiansand

THE NATIONAL TOURIST ROUTES

Norway has the best preconditions for a tourist attraction like the National Tourist Routes. Not only do we have an extraordinary range of beautiful natural settings; we also possess an extensive network of roads that can take travelers far out, way, way up, and deep into the heart of the country. And there are people living everywhere.

The idea of transforming great journeys through beautiful Norwegian natural settings into National Tourist Routes was realized by the Tourism Project in the mid-1990s. The four test routes were accorded the status of National Tourist Routes in 1997. In 1998, after evaluations were performed, reports written, recommendations made, and conclusions drawn, eighteen selected routes began to be developed into elements of a tourist attraction that would awaken interest both in Norway and abroad. The initiative also includes ten major attractions, the most significant of them being the iconic tourist destinations Trollstigen and Vøringsfossen.

Tourism is one of the world's fastest growing businesses, and competition for holiday-goers is intense. Tourism is Norway's third largest industry, and has an immense impact on employment and settlement, especially in the provinces. For the Parliament and government, therefore, tourism is a major priority, and it is the Norwegian countryside, naturally enough, that is the principal means of persuading more vacationers to spend time in Norway. In the view of both the Parliament and government, an official commitment to the National Tourist Routes is a solidly practical means of intensifying Norway's appeal as a travel destination. The Norwegian Public Roads Administration has therefore been assigned the task of creating valuable and exciting new attractions by bringing together nature, architecture, and art.

Spectacular architecture in magnificent natural surroundings: this is the distinguishing mark of the Norwegian Tourist Routes. Many installations have come into being after extensive rounds of brainstorming during which ideas have been exchanged, developed, ripened. The conceptions and drawings, forms and fantasies that were the basis for these objects are often not those we might ordinarily expect in such circumstances. There are concrete benches and tables,

in new and bold forms. Rest areas and service buildings have been given their own character and become minor attractions in and of themselves. Over the years, viewing ramps, platforms, and buildings have become architectural landmarks in their own right. Even as these buildings add a further dimension to travelers' experience of nature, they serve practical functions.

The interest in the National Tourist Routes has spread far beyond the country's borders. When exciting and challenging works of art become a part of the Tourist Routes initiative, the Tourist Routes acquire an additional dimension that confirms their distinctiveness among the world's many different scenic byways.

The planning and completion of the National Tourist Routes is a long-term effort that spans the entire country, requires high quality in every respect, and calls for extensive collaboration. In addition to several ministries, half of the country's counties, seventy-odd municipalities, and a number of nationwide organizations, regional travel associations, and dedicated community groups are involved in the project. It demands expertise in many fields – architecture, landscape architecture, art, tourism, roads, traffic, construction, communication, photography, maps, and, not least, planning processes. To ensure that the result will be an attraction with international appeal, there is an ongoing need for expert advice about, and quality control of, the works of architecture and art. The entire operation is planned and coordinated by the Norwegian Public Roads Administration, which is able to draw on the knowledge and experience it has acquired through involvement in planning, building, operating, maintaining, and administrating roads around the country.

By 2020, all of the stretches of road involved in the project will be completed National Tourist Routes. By 2023, all of them will be fully equipped with the planned works of architecture and art. In 2012, all eighteen routes will be marked with signs identifying them as National Tourist Routes, even though the work is only about halfway completed. But even if the project still has a way to go, the world's most beautiful routes are already there – and ready for use.

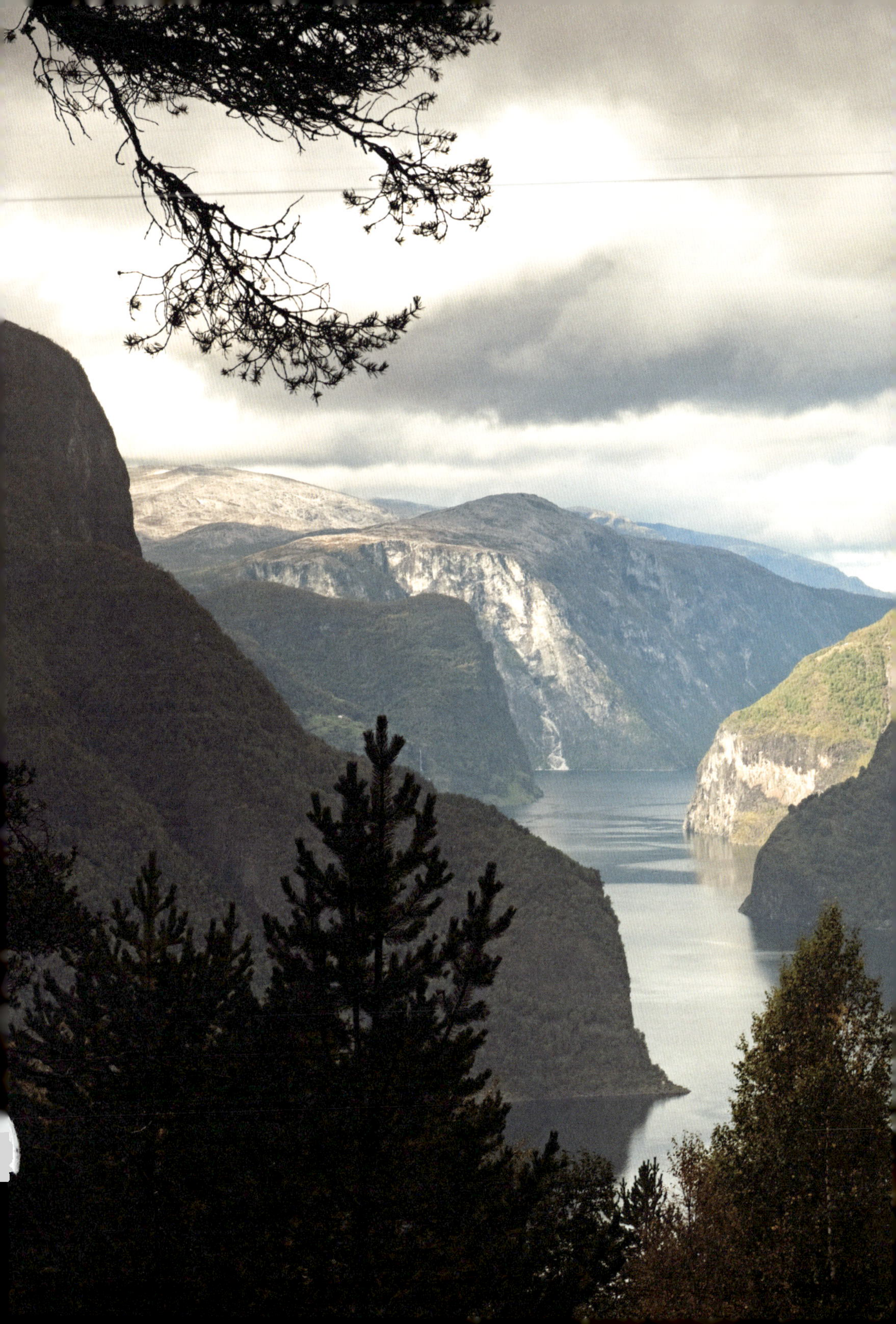

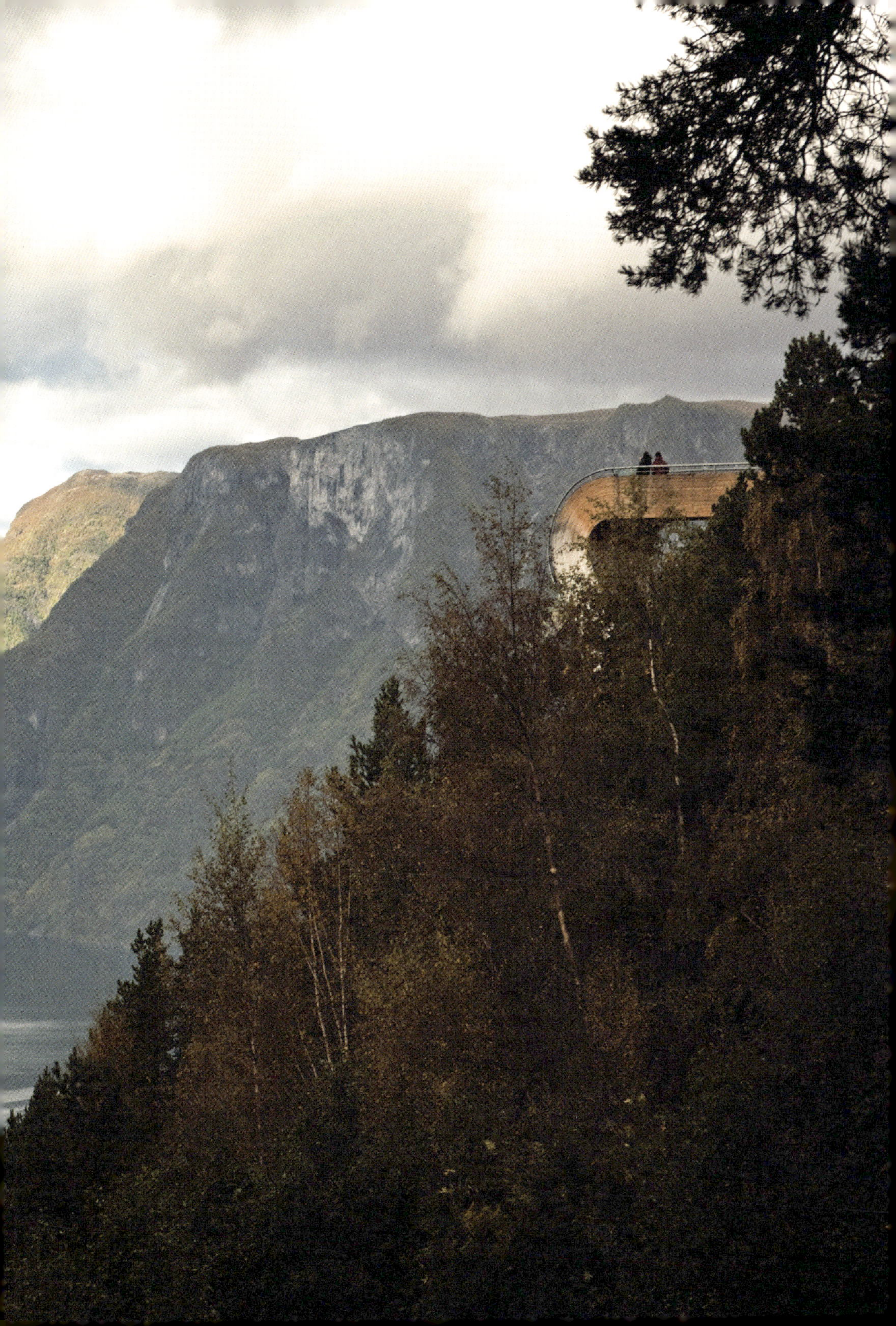

Mark Dion: *Landfill,* 1999–2000
Photo: Pablo Mason
Courtesy: MCA, San Diego

Mark Dion: *Concrete Jungle (The Mammals),* 1992
Photo: Colin De Land, American Fine Arts, Co.
Courtesy: The artist and Tanya Bonakdar Gallery,
New York

Mark Dion: *Grotto of the Sleeping Bear,* 1997
Photo: Colin De Land, American Fine Arts, Co.
Courtesy: The artist and Tanya Bonakdar Gallery,
New York

Mark Dion: *Ursus Maritimus,* 1995
Photo: Mancia/Bodmer
Courtesy: Kunsthaus Zürich

Mark Dion: *Extinction Series: Black Rhino Head,* 1989
Courtesy: The artist and Tanya Bonakdar Gallery,
New York

Mark Dion: *On Tropical Nature,* 1991
Courtesy: The artist and Tanya Bonakdar Gallery,
New York

Mark Dion: *The Library for the Birds of Antwerp,* 1993
Courtesy: The artist and Tanya Bonakdar Gallery,
New York

Mark Dion: *History Trash Scan,* 2000
Photo: Galerie Emi Fontana
Courtesy: The artist and Tanya Bonakdar Gallery,
New York

Mark Dion: *History Trash Dig,* 1995
Courtesy: The artist and Tanya Bonakdar Gallery,
New York

Mark Dion: *Tate Thames Dig,* 1999
Photo: Tate Gallery

Mark Dion: *The Marvelous Museum: Orphans,
Curiosities and Treasures,* 2010–11
Photo: Ira Schrank
Courtesy: Oakland Museum of California

Mark Dion: *Ursus maritimus, Museé de la Chasse et
de la Nature, Paris,* 1990
Courtesy: Tanya Bonakdar Gallery, New York

Mark Dion: *Ursus maritimus, Naturhistorisches
Museum, Bern,* 1990
Courtesy: Tanya Bonakdar Gallery, New York

Mark Dion: *Tar and Feathers,* 1996
Photo: Craig Wadlin, American Fine Arts, Co.
Courtesy: Tanya Bonakdar Gallery, New York

Mark Dion: *Phantoms of the Clark Expedition,
The Explorers Club,* 2012

Svein Rønning: foto s. 120 og 151/
photo p. 120 and 151

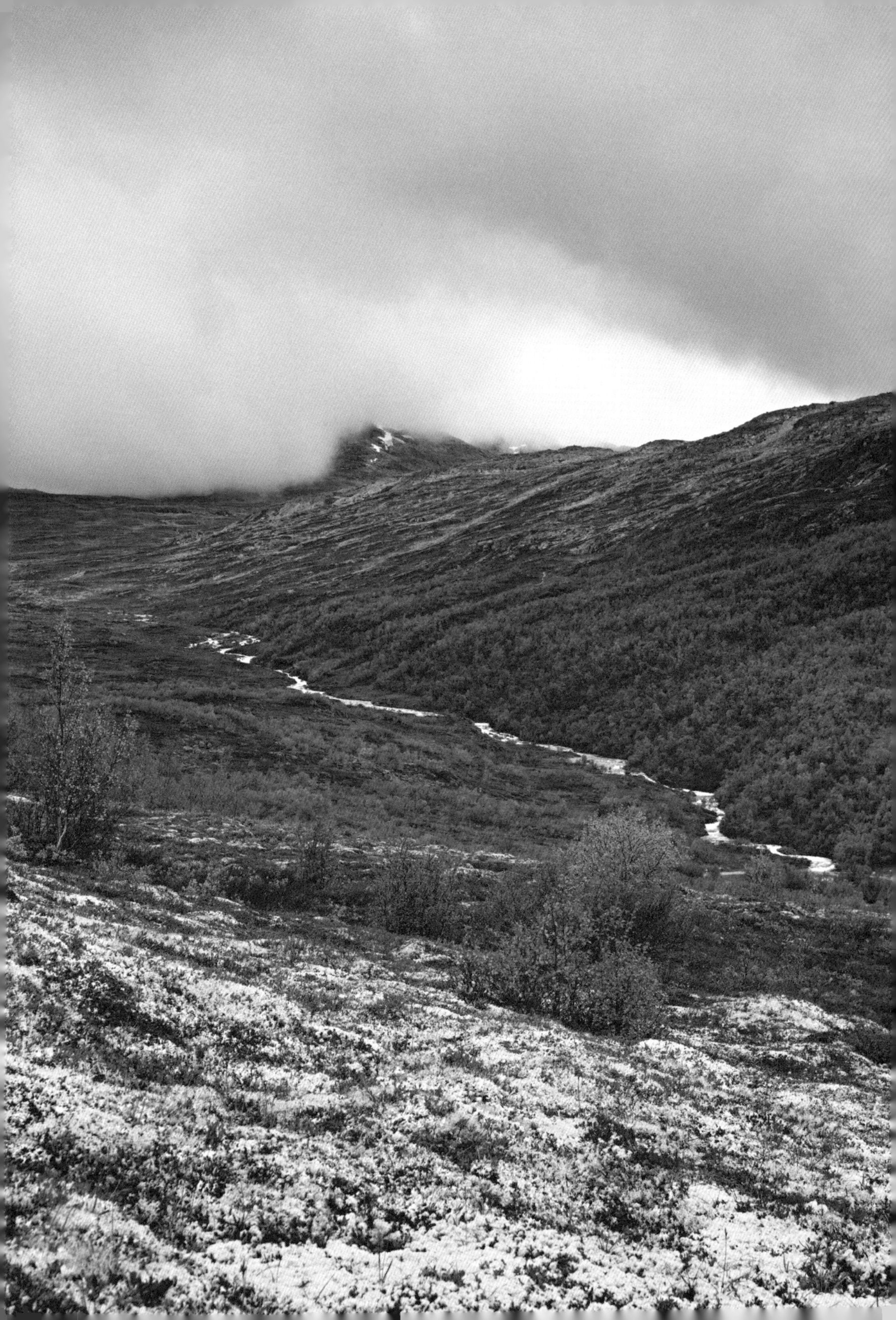

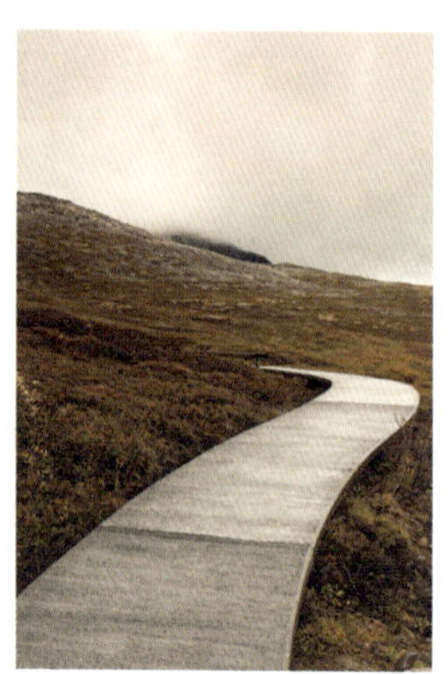